Anthologie
Nouvelles frontières

10^e

D1379844

Pauline Cyr

Fran Catenacci

Robert Hart

PEARSON

Addison Wesley

Une rubrique de Pearson Education Canada

Don Mills, Ontario – Reading, Massachusetts – Harlow, Angleterre

Glenview, Illinois – Melbourne, Australie

Anthologie
Nouvelles frontières 10ᵉ

Directrice du département de français langue seconde : Hélène Goulet
Directrice de la rédaction : Anita Reynolds MacArthur
Directrice du marketing : Audrey Wearn
Directrice de la rédaction : Andria Long
Équipe d'écrivaines : Gina Boncore Crone, Andria Long
Chargées de projet : Gina Boncore Crone, Kathleen Bush, Andria Long
Production / Rédaction : Nadia Chapin, Marie Cliche, Lisa Cupoli,
Jonathan Furze, Léa Grahovac, Micheline Karvonen, Tanjah Karvonen, Judith Zoltai
Assistante en production : Louise Cliche
Révisions linguistiques : Christiane Roguet et Édouard Beniak
Coordonnatrice : Helen Luxton
Illustration sur la couverture : William James/SIS
Conception graphique : Jennifer Federico
Recherche photographique : Paulee Kestin
Illustrations : Tina Holdcroft, Margot Thompson/Three In a Box Inc.,
Russ Willms/Three In a Box Inc., Rosemary Woods/Three In a Box Inc.

Remerciements : Silvana Carlascio, St. Basil Secondary School; Yvonne Dufault,
Markham District High School; Susan Evans, Birchmont Park Collegiate; Anna
Forgione, St. Joan of Arc School; Bob Howard, Pauline Johnson CVS; Louise Joiner;
Barbara Kochberg, Milliken Mills High School; Sharon Lochan, Sinclair Secondary
School; Camille Lockstein, Centre Wellington School; Violet Papanikolaou,
Markham District High School; Martha Stauch
Nous tenons à remercier tout particulièrement les élèves de P. Coulthard, Sarnia
Collegiate et tous les enseignants, enseignantes, conseillers et conseillères
pédagogiques pour leurs précieuses contributions à ce projet.

Note : Le guide qui accompagne le roman *La machine à rajeunir* se réfère à une
adaptation du roman original créée avec la permission de *La courte échelle*. © 1999,
Montréal, Les éditions de la courte échelle inc., *La machine à rajeunir* de Denis Côté

ISBN 0-201-74821-5

Imprimé au Canada
Ce livre est imprimé sur du papier sans acide.

F TCP 08 07

Table des matières

La machine à rajeunir

Adaptation du roman de Denis Côté

Chapitre 1

Transformations

Avant de lire

- Quels changements est-ce que le corps subit quand on vieillit?
- Est-ce que tes parents se considèrent comme vieux?
- Certaines personnes font une crise vers le milieu de leur vie. Que font-elles pendant cette crise?

Hugo et Sophie ont eu quarante ans l'hiver dernier. Pour eux, c'était la fin du monde et ils sont devenus tristes. Heureusement, ils avaient un projet de voyage à Rivière-au-Renard, leur village natal. Cela leur a permis de penser à autre chose.

À la fin de mon année scolaire, mes parents sont donc partis en Gaspésie. Moi, je me suis installé chez mon amie Josée.

Une semaine plus tard, mes parents sont revenus me chercher chez ma copine. J'ai tout de suite vu qu'ils étaient très joyeux.

— Quelles vacances extraordinaires! a dit maman. Ce séjour d'une semaine m'a redonné de l'énergie!

— On a visité tous les endroits qu'on fréquentait durant notre jeunesse, m'a expliqué papa.

Au moment de retourner à la maison, les phares d'une voiture se sont allumés de l'autre côté de la rue. Une voiture noire aux vitres teintées.

◆ ◆ ◆

Il était très tôt lorsque mon père m'a réveillé.

— Lève-toi, Marc-André! La journée s'annonce magnifique!

Quelle mouche l'avait piqué? Le samedi, il ne sortait jamais du lit avant 10 heures! J'ai levé la tête en lui jetant mon regard le plus noir. Puis, surpris par ce que j'ai vu, je me suis frotté les yeux.

— Qu'y a-t-il? On dirait que tu ne m'as jamais vu!

— Papa! Ta barbe!

— Je ne me suis pas rasé depuis trois jours. Et après?

— Les poils sont très noirs! Tous! D'habitude, la plupart sont gris!

J'ai examiné le dessus de son crâne. Sans être totalement chauve, Hugo avait les cheveux rares.

— C'est pareil pour tes cheveux! Avant, il y en avait des gris partout! Tu les as teints ou quoi?

— Rendors-toi! Ton cerveau fonctionnera mieux quand tu seras complètement réveillé. Je m'en vais faire du jogging.

Je devais avoir mal entendu. Je n'avais jamais vu mon père faire de l'exercice.

Pendant qu'il quittait ma chambre, j'ai remarqué un autre changement. Son petit bedon semblait avoir disparu.

Sophie préparait le petit déjeuner en chantonnant. Elle portait un kimono vert jaune.

Elle paraissait mince dans ce vêtement. Elle aurait pu poser pour un magazine de mode.

— Ton kimono, tu l'as acheté à Rivière-au-Renard?

— Je le portais quand tu étais tout petit. En faisant un pas de danse, elle a déposé le bacon et les œufs sur mon assiette.

— Tes rides, maman!

Quelle mouche l'avait piqué?

— Pourquoi me parles-tu de mes rides ce matin?

— Tu n'en as plus! Plus du tout!

L'arrivée de papa, torse nu, m'a beaucoup surpris.

Son bedon disparu n'était pas une illusion d'optique. En plus, ses pectoraux et ses biceps avaient durci. J'avais l'impression d'observer une photo truquée, avec la tête de mon père sur le corps d'un autre homme.

Hugo a déposé ses lunettes sur la table :

— Vous ne me croirez pas! Pendant que je courais, ma vision devenait de plus en plus bizarre. Alors j'ai enlevé mes lunettes, et qu'est-ce que j'ai découvert? Que je voyais parfaitement sans elles! Je ne suis plus myope!

— Hum! a fait Sophie en l'observant. Il n'y a pas seulement ta vision qui a changé…

— Dis donc, mais toi aussi tu es différente!

Ils se regardaient, se contemplaient l'un l'autre. Puis, Hugo a baissé les yeux sur son ventre, tandis que Sophie touchait son propre visage.

— Que nous arrive-t-il? ont-ils dit en même temps.

◆ ◆ ◆

— Rajeunis? a dit Josée avec étonnement. Tu regardes trop de téléséries de science-fiction, Marc-André!

— Je t'emmène chez moi. Tu pourras vérifier toi-même.

À notre arrivée, la voiture noire aux vitres teintées était garée à quelques mètres de la maison.

— Cette auto était près de chez toi hier. Regarde! Il y a deux personnes à l'intérieur!

— Sûrement des espions, a dit Josée. Tous les services de renseignements de la planète te surveillent, c'est bien connu!

Ma copine se moquait de moi, mais ce véhicule semblait vraiment être là pour espionner. Puis, je me suis demandé pourquoi j'inventais de telles choses. J'avais peut-être trop d'imagination.

Nous avons trouvé Sophie au milieu du salon, vêtue d'un maillot de bain. Debout devant un miroir, elle s'examinait.

— Je ne savais pas que ta mère était aussi sexy, a chuchoté Josée.

— Justement! D'habitude, elle ne l'est pas!

Nous avons tous sursauté lorsque nous avons entendu un cri, venant de l'étage :

— Mes cheveux! Ils repoussent!

Papa a descendu l'escalier en courant, puis il s'est penché pour nous prouver qu'il disait la vérité. Là où ses cheveux étaient normalement rares ou absents, des poils bruns poussaient. Il semblait horrifié.

— De quoi te plains-tu? a répondu maman.

— Tu ne comprends donc pas? Nos corps subissent des changements anormaux! Des changements monstrueux!

— Sincèrement, tu me trouves monstrueuse?

— C'est vrai qu'ils ont l'air plus jeune, a admis Josée. On leur donnerait trente ans.

Je me suis précipité dans la pièce voisine. Revenu au salon, j'ai ouvert un vieil album de photos.

Preuve n° 1 : une photo de ma mère en bikini, avec l'océan derrière elle. Preuve n° 2 : Hugo à bicyclette, sans lunettes et avec des cheveux abondants. Mis à part quelques petits détails, cet homme et cette femme étaient identiques à mon père et à ma mère d'aujourd'hui.

— Le Rhode Island, s'est rappelé papa. On y a passé deux semaines de vacances inoubliables. On avait vingt-six ans!

— Vous avez rajeuni de quatorze ans depuis hier? a dit Josée, stupéfiée.

— Qu'on est bêtes! a soupiré Sophie. Cet hiver, l'idée de vieillir nous rendait malades. Maintenant qu'on est jeunes et beaux, on trouve encore des raisons de se plaindre.

— Mais qui nous dit que ce phénomène n'est pas le symptôme d'une terrible maladie? a dit Hugo, impatient.

— Papa a raison : votre rajeunissement est peut-être dangereux. Vous devriez essayer de vous rappeler comment tout cela a commencé…

— On a passé la dernière journée de notre voyage à Percé, a dit Hugo. Le soir, je me suis aperçu que je n'avais plus mal au dos. Moi qui ressentais cette douleur depuis des années!

— Est-ce que quelque chose s'est passé là-bas? Une étrange rencontre? Une expérience hors de l'ordinaire?

— *La machine à rajeunir*! Sapristi! Tu te souviens, Sophie, de *La machine à rajeunir*?

— Quoi! ai-je crié. Une *machine à rajeunir*? Qu'est-ce que c'est que cette histoire?

— Malgré son nom, ce n'est pas une machine, mais une attraction touristique, a dit ma mère. Une espèce de musée, assez ordinaire d'ailleurs, consacré aux années 60. On pouvait y voir des vêtements de cette époque, des films d'archives, des photos…

sentir le piège à plein nez

— Durant votre visite, s'est-il passé quelque chose de particulier?

— D'après le gérant, on était les visiteurs numéros 100 et 101, ce qui nous a permis d'entrer gratuitement, a dit Hugo. Maintenant, je trouve que ça sent le piège à plein nez! Je suis sûr que notre rajeunissement a été provoqué pendant cette visite!

Il a couru vers la table du téléphone.

— Voici le dépliant que cet homme nous a laissé… Tiens, il s'appelle Léo Lepitre.

Puis il s'est jeté sur le téléphone comme un tigre sur une gazelle.

— Une boîte vocale! a-t-il murmuré. L'établissement est fermé jusqu'à demain matin… Je repars pour Percé immédiatement. Il verra bien qui de nous deux est le plus fort!

Papa est sorti de la pièce comme Superman partant sauver le monde. Vraiment, il ressemblait de moins en moins à l'écrivain qui passait son temps à rêver.

— C'est de la folie! a dit Sophie. Oh! après tout, je ferais peut-être mieux de l'accompagner.

— Je vais avec vous. Avec un phénomène aussi bizarre, il faut se méfier. Si vous avez des problèmes, je serai là pour vous aider.

— On vous accompagne tous les deux! a ajouté Josée avec enthousiasme.

As-tu compris?

Identifie les personnages suivants :

1.	Hugo	A.	L'amie du narrateur
2.	Sophie	B.	Le gérant du «musée» où se trouve *La machine à rajeunir*
3.	Josée	C.	Le père du narrateur
4.	Marc-André	D.	Le narrateur de l'histoire
5.	Léo Lepitre	E.	La mère du narrateur

Expansion

1. Joue au jeu «Transformation» qui se trouve dans le guide du maître. Réponds aux questions proposées, et ensuite crée tes propres questions. Crée 5 questions sur le rajeunissement et 5 questions sur le vieillissement. Sois créatif (créative)!

2. Avec un(e) partenaire, préparez et présentez un dialogue où vous jouez les rôles de Hugo et de Sophie. Ajoutez d'autres changements que vos corps subissent à cause du rajeunissement.

CHAPITRE 2

En route

Le village de Percé est situé sur la pointe de la péninsule gaspésienne. À partir de Québec, il fallait conduire pendant plus de 700 kilomètres. Un long voyage! Hugo conduisait avec un air tendu. Perdue dans une sorte de rêverie mélancolique, maman contemplait le paysage. Elle portait une robe d'été rouge que je n'avais jamais vue.

Josée me parlait quand je me suis aperçu que la voiture noire nous suivait.

— J'ai menti à ma mère. Je lui ai dit que nous allions chercher une bague que ta mère avait oubliée chez une cousine, en Gaspésie.

Je l'écoutais à peine, occupé à cacher mon inquiétude. Le rajeunissement de mes parents était un phénomène incroyable. Qui étaient ces gens qui nous suivaient? Étaient-ils des amis ou des ennemis?

Lorsque la voiture noire a changé de route, avant le pont Pierre-Laporte, je me suis traité d'imbécile. Pourquoi est-ce que j'inventais des menaces et des dangers là où il n'y en avait pas?

Ma mère ne croyait pas que la visite d'un musée pouvait être la cause du rajeunissement. En fait, elle trouvait cette idée

Avant de lire

- Regarde la carte du Québec et trouve la route que Marc-André, ses parents et Josée vont peut-être suivre pour aller de la ville de Québec jusqu'au village de Percé.
- Essaie de prédire les prochains changements biologiques et mentaux que les parents de Marc-André vont subir.
- D'après toi, qui est dans la voiture noire aux vitres teintées?

absurde. Le problème, c'est qu'elle ne trouvait aucune autre explication. L'idée de Hugo était-elle si bête? Comment ne pas faire de lien entre le rajeunissement et cette attraction appelée *La machine à rajeunir*?

Ce n'était pas tout. Le phénomène avait commencé après que mes parents étaient sortis de l'établissement. On pouvait donc supposer une relation de cause à effet.

Il y avait aussi ces billets gratuits que le gérant leur avait donnés. Est-ce que Léo Lepitre avait voulu les attirer dans un piège?

L'île d'Orléans est apparue à notre gauche, semblable à un énorme bateau. À partir de là, je me suis intéressé aux noms inscrits sur les panneaux : Saint-Vallier, Montmagny, La Pocatière, Kamouraska… Le fleuve Saint-Laurent s'élargissait. Les forêts et les prairies se suivaient de chaque côté de l'autoroute. Le ciel était bleu et sans nuages.

Après Rivière-du-Loup, nous roulions sur la route 132, quand j'ai remarqué l'hélicoptère. Il volait haut, mais à quelques centaines de mètres seulement derrière nous.

À Saint-Fabien, il semblait toujours nous suivre. Vers 16 heures, papa s'est arrêté à une halte routière.

— On dirait Roméo et Juliette, m'a dit Josée. Si on était plus près, on entendrait sûrement des mots d'amour.

Main dans la main, Hugo et Sophie marchaient comme sur des nuages.

L'hélicoptère volait au-dessus de nous en décrivant de grands cercles. Lui aussi était noir, comme la voiture aux vitres teintées.

— Il nous suit, hein? s'est inquiétée ma copine. Qui peuvent-ils être?

— Ils appartiennent à la même bande que les gens de la voiture noire. Mais que cherchent-ils au juste?

Nous avons dépassé une caravane blanche garée à la halte routière. Un étonnant personnage en est sorti. C'était une fille de 15 ans environ. À part ses mains, son corps était entièrement couvert par ses vêtements. Une incroyable masse de cheveux noirs cachait son visage.

— Tu es un spécimen intéressant, m'a-t-elle déclaré sur un ton étrangement neutre. J'étudie continuellement les humains. Leurs comportements me fascinent.

— Te prends-tu pour une extraterrestre? a demandé Josée.

— Je suis un génie scientifique. Quant à toi, ton quotient intellectuel est visiblement en dessous de la moyenne.

Un homme est apparu au moment où j'attrapais ma copine pour la retenir.

— Tu es là, ma biche? Ah! Tu fais connaissance avec des amis?

— Négatif, papa. Ce sont des spécimens que j'étudie. Le garçon est intéressant. Par contre, la fille utilise ses pulsions agressives pour cacher le vide de sa personnalité.

— Toi, la fée des étoiles, a dit Josée, tu ne t'es pas regardée?

— Henri-François d'Estragon, s'est présenté le père en nous tendant la main. Et voici Luce, le soleil de ma vie. Nous nous rendons à Percé pour nos vacances. Voyagez-vous aussi pour le plaisir?

— Euh… oui, ai-je répondu en cherchant l'hélicoptère des yeux.

— Ce garçon ment, a déclaré la jeune fille. Il a rougi et a détourné le regard. Ces signes ne trompent pas.

— Excusez-nous, ai-je dit, ennuyé. Je m'éloignais lorsque je suis entré en collision avec un individu qui tenait une femme par la taille. Papa avait maintenant l'air d'un homme de vingt ans. Il semblait extraordinairement heureux. À ses côtés, maman riait de toutes ses dents.

— Salut! a dit mon père. On est les parents de Marc-André.

— Les parents de…? a dit le père de Luce. Vous… vous blaguez, n'est-ce pas?

— Compte tenu de votre âge, a ajouté sa fille, votre affirmation est absurde. Et si vous aviez voulu nous faire rire, je m'en serais aperçue.

— On s'en va, ai-je répondu en entraînant mes parents.

De retour à la voiture, je les ai disputés.

— Vous ressemblez de moins en moins à des personnes de quarante ans! Vous n'avez pas l'air de vous en rendre compte! Si vous tenez absolument à nous faire remarquer, continuez à crier sur tous les toits que vous êtes mon père et ma mère!

— Je ne sais pas ce qui se passe, a dit maman, confuse, mais j'avais oublié…

— Moi aussi, a ajouté papa. Je me souviens seulement qu'on a un problème d'âge et qu'on doit se rendre à Percé.

Surpris, j'ai dit à mon amie :

— Jo, tu sais quoi? À vingt ans, ils ne se rappellent plus ce qui leur est arrivé quand ils avaient quarante ou trente ans. Le rajeunissement affecte autant leur esprit que leur corps.

Nous repartions lorsque j'ai vu l'hélicoptère reprendre son vol. Je n'avais plus aucun doute : ces gens nous suivaient.

— Vous avez remarqué cet hélicoptère? ai-je demandé à mes parents. Il nous suit depuis Rivière-du-Loup!

— Mais qu'est-ce que tu imagines? a dit Hugo. On n'est pas dans un film de James Bond!

— Mais vous le voyez, oui ou non, cet appareil?

— On en prend note, a répondu Sophie avec ironie. Si un rayon laser nous attaque, on saura d'où ça vient.

Jo et moi avons échangé un regard découragé.

Nous sortions de Rimouski lorsque Sophie a allumé la radio. Aussitôt, un raz-de-marée de musique rock a envahi la voiture. Les guitares électriques, la batterie, les cris du chanteur nous faisaient mal aux oreilles.

— Voudriez-vous baisser le volume? ai-je protesté.

— Quoi! a crié Hugo.

— Il trouve la musique trop forte, a expliqué Sophie.

— S'il n'aime pas ça, qu'il se bouche les oreilles!

Mon père tapait sur le volant en suivant le rythme. Maman dansait sur son siège. Mes parents se regardaient de temps en temps et riaient comme s'il n'y avait rien de plus comique.

— Hugo! ai-je supplié. Pourrais-tu regarder la route?

— Du calme! Je n'ai pas d'ordre à recevoir de toi.

Comme nous approchions de Sainte-Flavie, il s'est exclamé :

— Il y a un point rouge qui clignote sur le tableau de bord…

— On n'a plus d'essence! a crié Sophie en pouffant de rire.

Mon père a tourné à droite lorsqu'il a vu une station-service. Il a roulé jusqu'aux distributeurs d'essence sans ralentir. Puis il a freiné si vite que ma ceinture de sécurité m'a étouffé.

— Je n'ai jamais vu de parents aussi fous. Étaient-ils aussi idiots que ça à vingt ans?

— Impossible de le savoir! Je n'étais pas né. Mais regarde-les : ils ont maintenant dix-sept ans, pas plus.

Pendant que le pompiste remplissait le réservoir, les amoureux sont partis s'embrasser à l'ombre d'un érable.

— Vont-ils faire ça toute la journée? a dit Jo, choquée.

Comme un bruit de moteur s'approchait, j'ai levé la tête. L'hélicoptère dessinait des cercles au-dessus de nous. Mais que nous voulaient-ils? J'imaginais toutes sortes d'explications.

Et si ces inconnus avaient provoqué le rajeunissement? Dans ce cas, ils étaient aussi puissants que dangereux. Il fallait absolument s'échapper. Ou demander de l'aide. Oui, mais à qui? À la police? Quel policier pourrait croire notre histoire?

Quand j'ai baissé les yeux, Hugo et Sophie avaient disparu.

— Ils se sont cachés dans le petit bois, là-bas, m'a dit Jo.

— Oh! Non! Crois-tu que…?

— À leur âge, surtout quand on est amoureux, il paraît qu'on ne peut pas s'empêcher de s'embrasser.

La voix du pompiste a interrompu ces sombres pensées.

— Ton grand frère, penses-tu qu'il va me payer un de ces jours?

J'allais répondre que ce bouffon ne faisait pas partie de ma famille lorsque des rires ont éclaté, tout près.

Nous avons repris nos places sur le siège arrière de l'auto. Hugo est sorti du dépanneur avec un carton de bières sous le bras.

— Là, tu exagères! ai-je explosé. Pas question d'alcool au volant!

— J'ai soif! a-t-il répondu avec un air innocent. Te rends-tu compte de la chaleur qu'il fait?

— Et toi, sais-tu ce qui t'arrivera si la police te prend en état d'ivresse?

— «En état d'ivresse!» As-tu entendu ça, Sophie? Quel vocabulaire!

Bouillant de colère, j'ai décidé de prendre le taureau par les cornes. Je suis sorti du véhicule et j'ai ouvert la portière de mon père :

prendre le taureau par les cornes

— Débarrasse-toi de ces bouteilles!

— Il est sérieux, ma parole! Je ne sais pas ce qui me retient de ne pas l'abandonner ici!

— Vous rappelez-vous quel âge vous avez? a crié Jo. Vous rappelez-vous au moins que Marc-André est votre fils?

— Notre fils? a dit Hugo en éclatant de rire.

Comme s'il avait besoin d'une confirmation, il s'est tourné vers son épouse. Maman a commencé à pleurer. On aurait dit une adolescente brisée par un chagrin d'amour.

perdre les pédales

— C'est vrai, a-t-elle admis entre deux soupirs. Marc-André est notre fils et on a quarante ans. Hugo, on perd les pédales!

Mon père est descendu de la voiture. Il a déposé le carton de bières sur le sol. Puis, il est resté immobile, honteux, les yeux fixés sur ses souliers.

Cheveux gras, joues couvertes d'acné, longs bras maigres... Bientôt, j'avais de fortes chances de lui ressembler!

As-tu compris?

Vrai ou faux? Corrige les phrases fausses :

1. Josée a dit à ses parents qu'elle allait à Percé chercher une bague avec son ami.
2. Il y avait un avion qui suivait la voiture pendant le voyage.
3. Marc-André et Josée ont fait la connaissance d'un garçon bizarre.
4. Luce et son père allaient en vacances à Percé.
5. Marc-André et Josée ont mis la radio très fort, comme tous les jeunes de leur âge.

Expansion

1. Avec un(e) partenaire, faites une liste des choses énervantes que vos parents font pendant des voyages en voiture.
2. Avec un(e) partenaire, présentez une scène qui a lieu dans l'auto et qui commence par la question de Marc-André : *Voudriez-vous baisser le volume?*
3. Tu es Marc-André. Le rajeunissement inexplicable de tes parents t'inquiète. Tu notes les changements biologiques et mentaux chez tes parents dans ton journal intime. Écris au moins 10 phrases. Utilise le passé composé.

CHAPITRE 3

La poursuite

Sophie conduisait la voiture. Sur cette route où la limite de vitesse est de 90 km à l'heure, elle a pris une courbe à 130 km/h. Devant nous, il y avait une longue file de véhicules qui avançaient lentement. Elle a décidé de les dépasser tous.

J'ai fermé les yeux pendant que maman et papa riaient et criaient «Yahoo!» à tue-tête.

Le bruit de la sirène de la police les a calmés.

Sophie s'est garée sur le bord de la route.

— Attention! a dit Hugo, en cachant mal sa peur. Ce policier va essayer de te dominer. Ne tombe pas dans le piège.

En regardant le ciel, j'ai constaté que l'hélicoptère avait disparu. Rien d'étonnant. S'ils étaient des bandits, ils ne devaient pas apprécier la présence des policiers.

La moustache blonde et l'air gentil, l'agent nous a regardés avant de parler à ma mère.

— Permis de conduire et certificat d'immatriculation, s'il vous plaît.

En lisant les documents, il a froncé les sourcils.

— D'après ceci, vous seriez née en 1961. Ça voudrait dire que vous avez 40 ans. Déclarez-vous avoir cet âge, mademoiselle?

Avant de lire

- Selon la loi, à quel âge peut-on obtenir son permis de conduire? Es-tu d'accord avec cette loi?
- Penses-tu que les adolescents font de bons chauffeurs? Pourquoi?
- À ton avis, pourquoi est-ce que l'hélicoptère suit Hugo et Sophie?

— Quarante ans? a dit Sophie en faisant un effort pour se souvenir. Euh... Oui, il me semble que c'est exact.

Le policier a examiné ma mère.

— Vous avez l'air deux fois plus jeune que la femme photographiée sur votre permis. Comment expliquez-vous ça?

— Euh... Eh bien, j'ai beaucoup changé depuis cette photo. Euh... J'ai rajeuni!... Mon mari aussi, d'ailleurs. Regardez-le. Il a quarante ans, mais on lui donnerait quoi? Dix-sept ans?

Cette fois, la moustache de l'agent a tremblé. Ses yeux bleus avaient pris une teinte glacée.

— Est-ce que vous venez de vous marier?... Seriez-vous en voyage de noces, par hasard?

— Pas du tout, a répondu Sophie. On est mariés depuis... Depuis combien de temps déjà?

— Seize ans, je crois, a répondu Hugo.

— Hum... Si je calcule bien, vous portiez des couches avant la cérémonie!... Et les enfants, derrière, vous allez me dire qu'ils sont les vôtres?

Maman a hésité, puis a répondu lentement.

— Le garçon, peut-être. Mais pas la fille, j'en suis certaine.

Après avoir respiré profondément, le policier s'est tourné vers moi.

— Qui sont ce jeune homme et cette jeune fille?

Que pouvais-je répondre? Tandis que je me creusais les méninges pour inventer un mensonge, la sueur me coulait sur le front.

— N'aie pas peur de parler devant eux. Je suis là pour te protéger.

Soudain, j'ai compris. Ce brave agent de police croyait que mes parents étaient des délinquants. Des voleurs d'autos ou

se creuser les méninges

pire encore.

— Vous vous trompez! ai-je dit, vivement. Ils sont vraiment mon père et ma mère! Et ils sont honnêtes, je vous le jure!

Mais l'agent a mal compris mon message. Il nous a regardés quelques secondes, visiblement furieux.

— Sortez de la voiture! a-t-il ordonné. Mains derrière la tête!

— Ah non! s'est plaint Hugo. Ce n'est pas possible! Je rêve!

Sophie a détaché sa ceinture très lentement. Ensuite, avec une audace extraordinaire, elle a poussé très fort la portière de la voiture en frappant le policier. L'agent est tombé sur le dos.

Avant qu'il ait eu le temps de réagir, Maman a tourné la clé de contact, et l'auto a démarré dans un nuage de poussière. J'ai vu le policier se relever, prendre son arme et courir vers son véhicule. Un peu plus tard, un bruit de sirène s'élevait derrière nous. Le policier était en train de nous poursuivre.

— Tu rends-tu compte de ce que tu as fait? a dit Hugo, d'une voix fâchée.

— Mais tu m'avais dit de ne pas me laisser dominer! a crié Sophie.

— Ralentis et stationne-toi. Après, laisse-moi faire.

— C'est trop tard. Il va nous tirer dessus! Je ne veux pas me faire tuer!

— Arrête la voiture sur le côté! a ordonné mon père en tournant le volant.

— Jamais!

— Quelle tête de mule tu as!

— Lâche ça! Tu vas provoquer un accident!

L'auto a zigzagué, a plongé dans le fossé, puis s'est dirigée vers la forêt.

— Tu vas nous tuer! a hurlé Hugo.

Derrière nous, l'auto-patrouille s'approchait rapidement dans les grandes herbes. Tout à coup, la voiture du policier s'est écrasée contre une barrière. Pendant que Sophie jetait un coup d'œil dans le rétroviseur, elle se dirigeait à toute vitesse vers un arbre. Elle n'a pas eu le temps de freiner avant la collision.

◆ ◆ ◆

Le choc avait été brutal, mais personne n'était blessé. La voiture, par contre, ne roulerait plus. Je suis allé voir l'auto-patrouille. Le policier était inconscient, mais il vivait. À part une coupure au front, il ne semblait pas blessé.

Sophie nous a fait courir jusqu'au bord de la route. À l'ombre d'un gros rocher, elle s'est assise sur le sol, et Hugo s'est penché pour la consoler. Au loin, on entendait le bruit de l'hélicoptère qui s'approchait.

— Il faut partir d'ici au plus vite! ai-je crié. Le policier a sûrement lancé une alerte pendant qu'il nous poursuivait!

— Laisse-nous en paix! Tu vois bien que ma copine est traumatisée!

Le visage de Hugo était maintenant celui d'un enfant. Aucune trace de barbe. Ses traits devenaient presque féminins. Au même moment, j'ai remarqué que le bruit de l'hélicoptère avait disparu.

— Si la police nous trouve, on n'arrivera jamais à Percé! ai-je insisté.

— Percé? Pourquoi irions-nous à Percé?

Hugo roulait le bas de son pantalon après avoir fait la même chose avec ses manches de chemise.

— Ils ont tout oublié, a dit Jo. Marc-André, j'en ai assez! On est dans le pétrin et c'est leur faute! Tout ce qu'ils méritent, c'est de se faire arrêter par la police!

Tout à coup, un homme et une femme habillés d'une combinaison noire sont apparus. Ils se sont approchés de nous en courant très vite. La femme a attrapé Sophie pendant que l'homme prenait Hugo dans ses bras. Mes parents se sont débattus. J'ai attrapé mon père par les jambes, et Jo a mordu la femme au bras.

être dans le pétrin

Soudain, une caravane blanche est apparue sur la route. Aussitôt, l'homme et la femme ont lâché mes parents et ont disparu dans la forêt. La caravane s'est arrêtée au bord de la route. Henri-François d'Estragon en est descendu.

— Qui sont ces gens en noir? a-t-il crié en venant vers nous. Pourquoi est-ce qu'ils vous brutalisaient?

Il ne nous avait pas encore reconnus.

— Je ne sais pas, ai-je dit.

— Marc-André! Jo! Vous êtes ici! Expliquez-moi ce qui arrive!

Luce, qui avait entendu nos noms, est descendue à son tour de la caravane et s'est approchée de son père.

— Vous n'êtes plus en voiture? a demandé le père. Où sont passés le jeune homme et la jeune fille qui disaient être vos parents?

De toute évidence, il ne reconnaissait pas Sophie et Hugo. J'ai soudain eu une idée géniale.

— Ces adolescents étaient des bandits. Ils nous avaient enlevés, Jo, moi et nos deux copains! Les gens habillés de noir étaient leurs complices, mais grâce à vous, monsieur, nous sommes maintenant libres!

— Ce sont des kidnappeurs d'enfants? C'est terrible!

Calme et silencieuse, Luce m'examinait avec attention.

— Si vous ne nous emmenez pas avec vous, monsieur, ils vont revenir pour nous reprendre! ai-je crié d'un air terrorisé.

— Montez avec nous! a dit l'homme, inquiet. Je vous conduirai au poste de police.

— Surtout pas! Ils ont des alliés même parmi les agents de police! Il faudrait plutôt nous amener à Percé, parce que c'est là que nous habitons. Nos parents doivent s'inquiéter à mourir!

— Un instant, papa, a ordonné Luce.

Convaincu qu'elle détruirait mon scénario, j'ai retenu mon souffle.

— Marc-André nous cache des informations. Cependant, comme ils ont été victimes d'une agression, je suis d'accord pour qu'on les emmène avec nous. Mais je te recommande d'être prudent envers eux.

— Ce n'est pas une fille, a chuchoté ma copine. C'est un ordinateur sur pattes.

J'ai entendu, au loin, le bruit d'une sirène.

— Reste avec eux, ma perle, a décidé Henri-François d'Estragon. Si tu remarques quelque chose d'étrange, appelle-moi.

Pendant que je montais dans la caravane, Jo m'a dit :

— Génial, ton numéro. Mais j'espère que tu te rends compte que nos problèmes vont se multiplier! Pour s'en sortir, on aura du travail à faire!

Vrai ou faux? Corrige les phrases fausses.

1. La police a arrêté la voiture que Sophie conduisait parce que Sophie et Hugo riaient et criaient «Yahoo!».

2. L'agent de police a froncé les sourcils parce qu'il avait de la difficulté à croire que les documents étaient authentiques.

3. Sophie a frappé le policier avec la portière de la voiture parce qu'elle pensait que le policier voulait la dominer.

4. Pendant la poursuite en auto, Sophie a heurté un arbre parce qu'elle écoutait la radio.

5. Luce a conseillé à son père d'emmener les quatre jeunes gens avec eux parce qu'elle a vraiment cru l'histoire que Marc-André a racontée.

Expansion

1. En groupes de trois ou quatre, présentez une des scènes suivantes :

   a) le voyage en voiture de Sophie, Hugo, Marc-André et Jo à partir du moment où le policier les arrête jusqu'à ce qu'ils heurtent un arbre.

   ou

   b) la tentative d'enlèvement de Sophie et Hugo par les deux personnes en combinaison noire.

2. Fais un dessin de la scène des deux accidents de voiture.

3. Imagine que tu es l'agent de police. Écris l'alerte que tu vas donner à tous les agents de la région.

Chapitre 4

Les soupçons de Luce

Aussitôt la caravane en route, nous avons croisé une voiture de police. Cinq secondes plus tard, une autre nous a dépassés, sa sirène criant à tue-tête.

Jo et moi étions assis à l'arrière sur une banquette. Hugo et Sophie étaient en face de nous. Luce, sur une autre banquette, faisait semblant de lire un livre d'informatique.

Nous avions enfin échappé aux policiers. Mais ce n'était pas la fin de nos problèmes, comme Jo l'avait si bien dit. L'agression d'un policier était un crime, et notre fuite rendait la situation plus grave. Tous les agents de la région étaient sûrement à notre recherche.

Mais ce qui m'inquiétait le plus, c'était l'hélicoptère. Pourquoi ces bandits avaient-ils essayé d'enlever mes parents? Quelles étaient leurs intentions et pourquoi s'intéressaient-ils tant au phénomène du rajeunissement? Chose certaine, ces individus mystérieux étaient bien organisés.

Je savais déjà que la voiture noire avait suivi mon père et ma mère avant notre départ. Maintenant, j'étais certain que

Avant de lire

- À ton avis, quel âge auront les parents de Marc-André dans ce chapitre?
- Décris-les physiquement et mentalement.
- Selon toi, quels seront les sentiments de Marc-André envers ses parents maintenant qu'ils sont enfants?

cette surveillance avait commencé pendant leur voyage à Percé, à leur sortie de *La machine à rajeunir*.

Même si cela pouvait paraître idiot, le nom de ce musée était bien plus qu'un moyen d'attirer les touristes. Hugo avait raison. Cette machine était véritablement capable de rajeunir les êtres humains.

Je commençais à y voir plus clair… Papa et maman étaient tombés dans le piège d'une monstrueuse organisation. On les utilisait comme cobayes pour la plus étrange des expériences.

Tout s'expliquait! Les gens de l'hélicoptère avaient pour but de les capturer et de les analyser, bien sûr!

Il fallait donc arriver à Percé au plus vite. Si *La machine à rajeunir* était la cause du problème, elle contenait peut-être aussi la solution! D'ici notre arrivée à Percé, il fallait être extrêmement prudents. Les bandits allaient sûrement essayer encore une fois de kidnapper mes parents.

La tête appuyée contre son petit mari, maman s'était endormie. Moi qui avais cru que le rajeunissement finirait par s'arrêter, je me rendais bien compte que non seulement le processus continuait, mais qu'il était de plus en plus rapide.

Luce levait souvent le nez de son livre pour observer mon père ou ma mère. Elle se doutait de quelque chose, c'était évident.

Sophie était si mignonne que j'avais de la difficulté à ne pas la regarder. Ce n'était plus ma mère que je voyais, mais une fille assez belle pour me bouleverser.

— Qu'est-ce que tu as à la regarder comme ça? a chuchoté Jo. Je rougissais de honte.

— Faire les yeux doux à sa propre mère! Non, mais franchement!

faire les yeux doux

— Qu'est-ce que vous complotez, tous les deux? a demandé Luce.

— Toi, la visiteuse de l'espace, fiche-nous la paix!

— S'il te plaît, Jo! ai-je supplié. Ce n'est pas le moment de te disputer avec elle!

— Mais tu la défends! Si je comprends bien, je suis la seule, ici, qui ne te fasse pas perdre la tête?

— Cela prouve que Marc-André connaît la différence entre une fille intéressante et une idiote.

— Quoi! Qu'est-ce que tu as dit, espèce de calculatrice de poche?

— Vous ne pourriez pas parler moins fort? s'est plaint Hugo. Ma copine essaie de se reposer.

Jo a poussé un soupir, puis m'a tourné le dos. Après un moment, Luce a brisé le silence.

— Ton copain et toi, vous vous ressemblez étrangement. Avez-vous des liens de parenté? Luce venait de poser une des questions que je craignais le plus. Elle avait pourtant raison. Hugo et moi, on se ressemblait comme deux gouttes d'eau.

— Pourquoi me caches-tu la vérité, Marc-André? N'as-tu pas confiance en moi?

— Si tu crois que c'est mon frère ou mon cousin, tu te trompes.

Elle a examiné mon père de la tête aux pieds. Puis, toujours méfiante, elle a continué à lire.

— C'est vrai qu'on se ressemble? m'a demandé Hugo en chuchotant.

— Oui, ai-je répondu.

Il n'y avait pas seulement nos traits qui étaient presque identiques. Comme moi, ce garçon avait des épaules étroites et de longs bras minces. Nous avions aussi le même regard inquiet.

Avant de monter dans la caravane, il avait roulé une autre fois les manches de sa chemise et le bas de son pantalon. Le résultat n'était pas très flatteur. Et puis ses chaussures étaient trop grandes.

— Pourquoi on se ressemble si on n'est ni frères ni cousins? m'a demandé Hugo, toujours en chuchotant.

— Ce serait long à t'expliquer! ai-je répondu.

— Hum… Je ne me souviens plus de grand-chose. Je sais

se ressembler comme
deux gouttes d'eau

que j'habite à Rivière-au-Renard et que je voudrais devenir écrivain quand je serai grand. Mais à part ça…

Après un tendre coup d'œil à ma mère, il a souri.

— Elle, je ne l'ai pas oubliée. Elle s'appelle Sophie. Quand je la regarde, je sens une douceur en moi. Je pense qu'elle est l'amour de ma vie.

Je l'ai approuvé d'un signe de tête, car je n'avais vraiment aucun doute à ce sujet.

— Avec toi, je ressens quelque chose du même genre. C'est bizarre, parce que je ne te connais pas. Qui es-tu?

— Je m'appelle Marc-André, ai-je murmuré d'une voix émue.

— Marc-André… Tu as l'air gentil. Est-ce qu'on est des amis?

— Des amis?… Ce mot-là n'est pas assez fort, il me semble.

J'évitais maintenant son regard à cause de mes larmes, que j'essayais de cacher.

— Tu rapetisses! a crié Luce en montrant Hugo d'un doigt accusateur. Depuis tout à l'heure, tu as rapetissé d'au moins quinze pour cent! Tes vêtements étaient déjà trop grands au début, maintenant ils sont immenses! Je veux des explications!

— Je t'en prie, ai-je répondu. Tout ceci est absolument normal, je te le jure.

— Normal? Tu te moques de moi! C'est scientifiquement impossible, au contraire!

— Pourquoi hurlez-vous comme ça? a dit Sophie d'une voix ensommeillée.

— Elle aussi a rapetissé! Sa robe ne lui va plus!

— Ma robe? a répété ma mère en baissant les yeux.

Elle a soudain crié, avec une expression de surprise mêlée de peur.

— Mes seins! Ils ont disparu! C'est affreux! Qu'est-ce que

je suis en train de devenir? Je veux retrouver mes seins!

En sautant de son siège, Luce s'est tournée vers son père, à l'avant.

— Papa! Deux de nos passagers sont des erreurs biologiques! Arrête-toi tout de suite! J'ai peur!

Moins d'une minute plus tard, nous étions encore une fois debout sur le bord de la route 132.

— Je ne sais pas qui vous êtes ou ce que vous êtes, a dit Henri-François d'Estragon en nous fixant d'un œil sévère. Vous m'avez menti, vous avez abusé de ma bonne volonté, vous avez effrayé ma fille. Vos problèmes ne m'intéressent plus. Allez au diable!

Quand la caravane a disparu au loin, je me suis senti écrasé de découragement. Nous étions dans le pétrin jusqu'au cou. Les ombres s'allongeaient autour de nous. Sur la route, les véhicules passaient avec une indifférence cruelle. Ma seule consolation : dans le ciel, il n'y avait aucune trace de l'hélicoptère.

Nos ennemis avaient-ils perdu notre trace? Probablement pas. Mais alors, où se cachaient-ils? Pourquoi n'entendions-nous plus le bruit de leur hélicoptère?

Un panneau signalait que Matane était proche. Cela signifiait qu'il nous restait encore presque la moitié du trajet à parcourir.

— On est à pied, la nuit tombera bientôt, et la police nous recherche. Sans parler des kidnappeurs! Tout cela est au-dessus de nos forces! a dit Jo d'une voix plaintive.

— As-tu toujours ton portefeuille? ai-je demandé à Hugo.

Je n'y ai trouvé que deux billets de vingt dollars. Par contre, il y avait trois cartes de crédit.

— Tout n'est pas perdu, Jo. Il y a sûrement une gare d'autobus à Matane. On se rendra à Percé en autobus.

Mes parents nous ont suivis presque joyeusement, comme si

cette promenade les amusait. Maintenant, ils ne ressemblaient plus à des amoureux, mais à un frère et une sœur.

Sophie était plus grande que Hugo, mais maintenant Jo et moi étions plus grands qu'elle.

Pour ajuster la robe de ma mère, Jo y a fait des nœuds à plusieurs endroits. Comme mon père perdait son pantalon, j'ai remplacé sa ceinture par une corde trouvée au bord de la route. J'ai aussi déchiré le bas de ses vêtements. Nous avons jeté leurs souliers, devenus inutilisables. Maintenant, mes parents marchaient pieds nus.

Ils faisaient pitié. Ils ressemblaient à des miséreux, des vagabonds, à des enfants abandonnés.

La nuit tombait lorsque nous sommes arrivés à la gare d'autobus de Matane.

— Deux auto-patrouilles nous attendent! m'a chuchoté Jo à l'oreille. Une à l'entrée du stationnement, et l'autre à la sortie. Si on entre dans la gare, les policiers vont venir nous arrêter!

— Pas nécessairement. Parmi les jeunes qu'ils recherchent, deux sont impossibles à reconnaître. De toute façon, tu restes ici avec Sophie.

J'ai pris Hugo par la main. Tandis que nous traversions le stationnement éclairé, je gardais la tête haute. Je ne voulais surtout pas avoir l'air d'un criminel en fuite. Cependant, mes jambes étaient molles, et mon cœur battait très fort.

La présence de la police n'était pas mon seul sujet d'angoisse. Si le prochain départ pour Percé était le lendemain, cela nous ferait perdre beaucoup trop de temps.

Une fois dans la gare, j'ai soupiré de soulagement. Aussitôt, je me suis dirigé vers le tableau des horaires. Quand j'ai lu que le prochain départ était à 23 heures, j'ai presque crié de joie.

— Destination? a demandé un grand homme maigre.

— Percé. Quatre billets. Des allers simples.

— Ça fait 140 dollars, a-t-il dit.

— On n'a pas assez d'argent. Une carte de crédit, ça va?

— Pas de probl… Hé! Où ai-je la tête! Tu es trop jeune pour avoir une carte de crédit!

— Mon ami en a une. Ses parents la lui ont donnée à sa fête. Ils sont riches et ils voulaient lui faire un gros cadeau.

— Si ses parents sont riches, lui, il a l'air de sortir d'un film de Charlie Chaplin!… Désolé. Il vous faudra payer comptant.

— Vous ne pouvez pas nous faire ça! Cette carte est en règle!

— Écoute-moi bien, mon gars. Je ne sais pas où vous avez pris cette carte. L'avez-vous trouvée? L'avez-vous volée?… As-tu vu les policiers dehors? Je devrais vous dénoncer, mais je suis un bon diable. Alors, disparaissez avant que je change d'avis.

Nous avons traversé la salle à toute vitesse. Comme nous entrions dans le stationnement, un homme nous a appelés.

— Hé, les gars! Oui, c'est à vous que je parle!

C'était un policier. Il courait vers nous. Tous les muscles de mon corps se sont tendus, comme si on m'avait injecté une drogue paralysante.

— Où allez-vous? a demandé l'agent.

— Nulle part, ai-je répondu. On habite à quelques rues d'ici.

— Ah bon!… Lui, c'est ton frère? Pourquoi est-il déguisé comme ça? L'Halloween, c'est en octobre!

Mon esprit était vide. J'étais incapable d'inventer une réponse à cette question. À ma grande surprise, Hugo a parlé.

— On est pauvres, monsieur l'agent. Notre père n'a plus de

travail et notre mère est malade. Alors, je suis obligé de porter les vieux vêtements de papa. Mais notre père finira bien par trouver du travail, et maman va guérir. Hein? Qu'en pensez-vous?

Ébranlé, l'agent de police a perdu son ton autoritaire. Il s'est même agenouillé pour regarder Hugo dans les yeux.

— Les temps sont durs, mon garçon, a-t-il dit doucement. Mais ta famille s'en sortira, j'en suis sûr. Ne désespère pas.

C'était un policier très jeune et très sensible. Sa voix était émue. Au bout d'un instant, il a ajusté sa casquette et a repris son expression habituelle.

— Une dernière chose, m'a-t-il demandé. As-tu vu quatre jeunes dans les environs? Un garçon et une fille de ton âge avec un gars et une fille de 17 ans environ?

— Non, je suis désolé.

Il a souri une dernière fois à Hugo, puis est parti.

— Tu as été formidable! ai-je chuchoté à papa.

— Ouais! J'ai beaucoup d'imagination. Plus tard, je voudrais devenir un grand écrivain!

Soudain, j'ai ressenti une émotion très forte pour cet enfant qui était mon père et qui, en même temps, ne l'était plus. Ce petit garçon réaliserait son rêve, au moins en partie. Je le savais puisque je connaissais l'écrivain qu'il allait devenir.

1. Selon Marc-André, pourquoi est-ce que les gens en noir de l'hélicoptère veulent capturer ses parents?
2. Qu'est-ce que Luce remarque à propos de Marc-André et de Hugo?
3. Qu'est-ce que Luce remarque à propos de Hugo et de Sophie?
4. Quel souvenir est-ce que Hugo a de Sophie?
5. Qui a sauvé la situation à la gare d'autobus? Comment?

1. Imagine que tu es Marc-André à Matane, sans auto, sans caravane blanche, sans billets d'autobus et menacé par les gens en noir. Tu décides d'envoyer un courriel à un ami de ta famille qui habite près de Matane. Explique-lui la gravité de la situation et demande-lui de l'aide.

   Avec un(e) partenaire, composez ce message et présentez-le à la classe.
2. Avec un(e) partenaire, écrivez et présentez un dialogue où Marc-André réussit à convaincre l'homme de la gare de lui vendre des billets pour Percé. Crée de bons arguments pour le convaincre.
3. Fais une bande dessinée d'une scène de ton choix.

CHAPITRE 5

Une horrible révélation

Le rajeunissement de mes parents me rendait fou. Arriver à Percé me semblait une mission impossible.

— Je suis fatiguée, moi! a crié Sophie, assise sur le sol. Quand est-ce qu'on retourne chez nous? Je veux mon lit, bon!

— Les enfants ne tiennent plus debout, m'a dit Jo. Moi-même, je ne serai plus capable de rester debout encore longtemps.

Elle a bâillé de fatigue. Par effet de contagion, je l'ai imitée.

Elle avait raison: nous étions épuisés. Pourtant, nous ne pouvions pas dormir. Chaque seconde qui passait était une seconde perdue.

— Fiche-moi la paix! a hurlé Sophie en repoussant son mari. Elle tenait très fort un petit bâton qu'elle avait trouvé dans la forêt.

— Je veux juste m'amuser avec ton bâton. Pourquoi tu ne me le donnes pas?

— Parce que c'est à moi! Ce n'est pas à toi!

— Tu n'es pas gentille. Je ne joue plus avec toi!

— Sophie, sois gentille, il va te le redonner, a dit Jo.

Brusquement, cette chicane d'enfants a provoqué en moi la plus horrible des révélations. J'ai compris quelle terrible fatalité

Avant de lire

- Connais-tu de jeunes enfants? Décris leur comportement et leurs besoins.
- Les quatre voyageurs ne peuvent pas continuer leur mission à pied. Quelles solutions vois-tu à leur problème de transport?
- Selon toi, quelle sera *l'horrible révélation* indiquée par le titre de ce chapitre?

tomberait sur mes parents au cours des prochaines heures. En état de panique, j'ai pris mon amie par les épaules :

— Regarde-les : ce sont de petits enfants! Très bientôt, ils auront quatre ans, puis trois, puis deux! Ensuite, ce seront des bébés! Ils cesseront de parler et de marcher! Quand ils seront devenus des poupons, ils continueront à rajeunir, comprends-tu? À rajeunir jusqu'à l'extrême limite!

Les yeux de Jo s'agrandissaient de terreur.

— Ils se transformeront en fœtus! ai-je ajouté. Et ces fœtus rapetisseront jusqu'à l'état d'ovules fécondés! À la fin, Hugo et Sophie disparaîtront. Pouf!

— C'est terrible! Rendons-nous aux policiers, Marc-André! Si on leur explique tout, ils collaboreront, j'en suis sûre. Bien sûr, au début ils ne nous croiront pas. Mais ils finiront bien par constater que tes parents rajeunissent à vue d'œil!

— Nous perdrions trop de temps. Et puis après, crois-tu que les policiers nous conduiront à *La machine à rajeunir*? Non, ils vont appeler des spécialistes qui étudieront mon père et ma mère. Ça nous fera perdre encore un temps précieux. Finalement, il sera trop tard pour les sauver!

— Aïe! a hurlé Hugo en tombant sur le derrière.

Le petit poing rond de maman était encore en l'air. Elle le lui avait enfoncé dans l'œil droit.

— Pourquoi as-tu fait ça? ai-je demandé à ma mère.

— Il me criait des injures! Il m'a traitée d'imbécile! Et de garçon manqué!

— Ce ne sont pas de bien grosses insultes, a dit Jo, qui examinait l'œil de papa.

— Plus de disputes! ai-je ordonné. Jo et moi, on a des problèmes à régler et on a besoin de calme.

— J'ai mal à l'œil! s'est plaint Hugo.

— Arrête de pleurer, espèce de pleurnichard! a répondu Sophie.

— Ça suffit! ai-je dit. Plus d'injures pour aujourd'hui!

Papa s'est mis à pleurer.

— Je veux mon lit, moi aussi! Il fait noir! Je veux dormir!

— Tu as de la peine? lui a demandé ma copine. Viens, tante Jo va s'occuper de toi, mon petit chou. J'ai un remède pour toi. Je vais te le mettre sur l'œil, et tu seras guéri.

Jo lui a donné un petit baiser sur l'œil, mais Hugo l'a repoussée de la main.

— Tu n'es pas ma tante et je ne suis pas ton petit chou!

Comme je ne voulais pas que la police soit alertée par les cris, j'ai aidé Sophie à se relever.

— Regarde ma robe! De quoi j'ai l'air? Enlève-la-moi! Je veux une nouvelle robe!

Comment pouvais-je la contredire? Elle avait l'air de porter un parachute. De son côté, Hugo ressemblait à un clown.

En faisant des nœuds et des déchirures dans leurs vêtements, nous avons réussi à les rajuster un peu. Mais leurs vêtements étaient toujours trop grands.

— Je ne veux plus marcher pieds nus! a déclaré Sophie. Les cailloux me font mal.

— Moi aussi, a répondu Hugo.

— Vous ne vous attendez quand même pas à ce qu'on vous porte sur nos épaules? a dit Jo.

— Oui, oui! ont répondu les gamins. Sur vos épaules!

— Moins fort! ai-je dit. Vous allez alerter toute la ville!

— Je vais faire ce que je veux! a répondu ma mère. Si tu ne me prends pas sur tes épaules, je vais crier de toutes mes forces!

◆ ◆ ◆

Pendant combien de temps avons-nous porté mes parents? Je ne pourrais pas le dire. Nous sommes revenus au bord de la forêt, près de la route. Soudain, les phares d'un véhicule ont éclairé un petit chalet abandonné entre les arbres.

J'ai poussé la porte. L'intérieur semblait vide. Nous sommes tombés par terre de fatigue.

— J'ai envie de faire pipi, a dit Sophie.

— Ça ne peut pas attendre? lui ai-je demandé.

— Moi aussi j'ai envie de faire pipi, a dit Hugo.

— Si c'est vrai, lève-toi. Je t'amène faire pipi dehors.

Mais mon père n'a pas bougé.

— Pipi, pipi, pipi, a crié Sophie en riant.

— Pipi, pipi, pipi, a hurlé Hugo très amusé.

Pendant un moment, leurs rires ont envahi le chalet. Puis ils se sont endormis. Un peu plus tard, j'ai entendu un ronflement. Jo aussi s'était endormie.

Enfin, un moment de calme. J'essayais de réfléchir, mais mes pensées allaient dans mille directions. Aussitôt que je commençais à avoir une idée, elle disparaissait. J'ai donc décidé de dormir afin de trouver une solution le lendemain matin.

Mais je ne trouvais pas le sommeil. Il n'y avait rien à faire, mes yeux restaient grands ouverts. Comme la nuit était noire, je suis resté immobile à écouter les bruits de la forêt jusqu'à tard dans la nuit.

◆ ◆ ◆

Des cris m'ont réveillé.

Quatre murs pourris et brisés m'entouraient. Les rayons de soleil entraient par les fenêtres cassées. Sur le plancher sale, deux bébés pleuraient. Ils étaient tout nus. Des vêtements d'adultes déchirés se trouvaient sur le plancher autour d'eux. Mes parents n'avaient pas plus d'un an.

Cette petite créature délicate avec une bouche comme une petite fleur, au nez pas plus gros que le bout de mon doigt, était-ce vraiment ma mère?

Ce bébé au ventre rond et aux cuisses grasses, était-ce vraiment mon père?

— Jo, réveille-toi! On n'a plus une seconde à perdre!

En entendant les petits pleurer, mon amie s'est levée immédiatement.

— Ils doivent avoir faim, ces pauvres anges. Il faut leur acheter du lait, des biberons, des vêtements, des couches! Et nous aussi, on a besoin de manger!

— Tu sais bien qu'on n'en a pas le temps!

— Et si les bébés meurent avant qu'on arrive à Percé?

— S'il te plaît! Essaie de m'aider au lieu de parler comme ça!

Jo est sortie chercher de l'eau et je me suis jeté à genoux devant les poupons. Je les ai longtemps regardés pendant que les larmes coulaient abondamment sur mes joues. Je souhaitais tellement que le rajeunissement s'inverse tout à coup. Je voulais tellement retrouver mes parents! Cette mission était devenue impossible. J'observais intensément mes parents en essayant de reconnaître un signe sur leur visage, n'importe lequel.

Puis, ma tête est tombée sur ma poitrine comme si elle pesait plusieurs tonnes. Dans mon cerveau vide, j'entendais des phrases qui se répétaient: «C'est fini, Marc-André. Il n'y a plus rien à faire. Tes parents vont disparaître!»

— Qu'est-ce que tu as, Marc-André? Tu n'as pas le temps d'avoir le cafard. Courage, mon ami!

Jo venait d'entrer dans le chalet sans eau. Après avoir essuyé mes larmes, elle s'est tournée pour s'asseoir près de moi, mais elle

avoir le cafard

s'est soudain immobilisée en poussant un cri de surprise.

J'ai levé les yeux. Deux personnes se trouvaient près de la porte. En voyant leurs combinaisons noires et leurs casques, j'ai reconnu l'homme et la femme qui avaient essayé de kidnapper mes parents.

Ils n'avaient donc pas abandonné leur projet. Ils nous avaient peut-être suivis de loin. Ou encore, s'ils nous avaient perdus de vue, ils étaient venus à ce chalet dans l'espoir de nous y trouver.

Lorsqu'ils ont avancé d'un pas, Jo et moi avons eu le même réflexe. Nous nous sommes jetés sur les bébés. Chacun de nous en a pris un dans ses bras.

J'ai remarqué une fente dans le mur, juste à côté de nous. De toute la vitesse dont j'étais capable, j'ai sauté vers ce trou. Mais l'un des kidnappeurs s'est jeté sur moi et a attrapé la jambe du bébé. Sans perdre une seconde, je lui ai donné un coup de coude et il l'a lâchée.

Je me suis tout de suite glissé à travers l'ouverture et j'ai couru vers la forêt. Jo m'y a suivi.

Nous courions comme des bêtes sauvages poursuivies par des chiens. Il fallait fuir ces criminels et protéger les petits. Surtout, il fallait empêcher les bandits de nous les prendre.

Derrière nous, les craquements de branches cassées se rapprochaient. Les arbres étaient si proches les uns des autres que nous avions de la difficulté à avancer. Tout à coup, les troncs se sont espacés, et un champ s'est ouvert devant nous.

— Un aéroport! a dit Jo. Regarde l'avion jaune, près du hangar! Un homme est en train d'y monter!

J'ai crié pour attirer l'attention du pilote. Il s'est retourné, puis a sursauté en voyant les individus en noir.

Je n'ai pas eu besoin de tout lui expliquer. Il a sauté dans l'avion et nous a indiqué de le suivre. Nous avons pris place sur

les sièges derrière lui.

— Superhéros vous sauvera de ces bandits! a-t-il déclaré d'une voix assez forte pour couvrir le bruit du moteur. Superhéros, c'est mon surnom. Mes collègues disent toujours que je n'ai peur de rien!

Son avion roulait déjà sur la piste. En me retournant, j'ai vu les individus en noir s'arrêter de courir et tourner la tête vers l'aérogare. Une voiture de police s'approchait d'eux rapidement. Une deuxième auto-patrouille est apparue aussitôt.

Les policiers étaient à la poursuite des bandits! À cause de l'hélicoptère, probablement! Un tel appareil ne pouvait survoler la région sans éveiller la curiosité des gens.

J'ai eu un soupir de soulagement. Enfin, il y avait une lumière au bout du tunnel!

Il y avait une lumière au bout du tunnel!

Mais notre pilote, qui avait remarqué l'arrivée des policiers, ralentissait maintenant son avion.

— Ne vous arrêtez pas! ai-je crié à Superhéros. Décollez!

— Quoi! Même si la police est venue arrêter ces bandits qui vous suivaient?

— Il faut qu'on aille à Percé le plus vite possible! Ces bébés vont mourir! Si on arrive à temps, il reste une chance de les sauver!

— Message reçu.

Les kidnappeurs couraient maintenant vers la forêt. Tout à coup, l'hélicoptère noir est apparu dans le ciel. L'appareil s'est approché du sol, juste au-dessus de la tête des bandits. L'homme et la femme s'y sont accrochés. Puis, en faisant une pirouette spectaculaire, ils ont sauté à l'intérieur de l'appareil.

— Ce ne sont pas des bandits ordinaires, mais des professionnels! s'est exclamé Superhéros.

Pendant que l'avion s'élevait dans les airs, l'hélicoptère s'éloignait dans une autre direction.

Combien de temps restait-il pour empêcher la mort de mes parents? Maintenant que nous nous approchions de Percé, il me semblait que le plus dur restait à faire.

Léo Lepitre, gérant de *La machine à rajeunir*, accepterait-il de collaborer avec nous? Probablement pas puisqu'il devait appartenir au groupe de gens qui avait organisé toute l'affaire.

Cet homme avait-il la possibilité de renverser le processus de rajeunissement? Je pensais que ce moyen n'existait pas et que mes parents allaient disparaître.

Les bébés criaient toujours. Jamais je n'avais imaginé que des êtres aussi minuscules pouvaient produire un tel bruit.

— Ce sont des cris de détresse! a affirmé Jo. Et nous, on se contente de les écouter! Bientôt, ils seront si faibles qu'ils tomberont sans connaissance.

— Mais ils font plus de bruit que le moteur de l'avion!

Brusquement, Jo a soulevé mon père. Le pantalon de mon amie était trempé.

— Qu'est-ce que c'est que ça? a hurlé Jo.

Une odeur d'urine s'est rapidement répandue dans l'avion.

— C'est dégueulasse! a hurlé Jo, qui tenait Hugo le plus loin d'elle possible. Je n'ai jamais été aussi insultée de ma vie! Je te déteste, Marc-André! Il faut vraiment être un salaud pour m'avoir mêlée à cette histoire!

— Calmez-vous, les amoureux, a dit Superhéros. Vous allez effrayer vos enfants!

— On n'est pas des amoureux! a corrigé mon amie. Et ces petits monstres ne sont pas nos enfants! Ce sont ses enfants *à lui*!

Un autre jet de liquide a coulé sous Hugo, ce qui a obligé Jo à l'éloigner davantage.

À ce moment-là, une voix est sortie d'un haut-parleur :

— Ici le caporal Wright de la Sûreté du Québec. Selon nos informations, votre appareil transporte deux jeunes soupçonnés de délit de fuite. Revenez à votre point de départ et atterrissez.

— Si vous obéissez, ai-je dit au pilote, vous êtes responsable de la mort de ces deux bébés.

— Me jurez-vous que c'est la vérité?…

— Je vous le jure!

— Très bien. En prison, je ferai des mots croisés. J'adore ça, mais je n'ai jamais le temps d'en faire.

Vrai ou faux? Corrige les phrases fausses.

1. L'horrible révélation, c'est que Marc-André a pensé que ses parents allaient devenir des géants.

2. Sophie a donné un coup de poing à Hugo parce qu'il n'aimait pas sa robe.

3. Après avoir passé la nuit dans le chalet, Sophie et Hugo n'ont pas beaucoup rajeuni.

4. Cette fois, les kidnappeurs ont réussi à enlever les parents de Marc-André.

5. Le pilote Superhéros n'a pas obéi à la police parce qu'il avait peur.

Expansion

1. a) Avec un(e) partenaire, dessinez une carte qui montre bien le voyage de Jo, Marc-André et ses parents. Commencez à Rivière-au-Renard et continuez jusqu'à leur situation à la fin de ce chapitre. Indiquez aussi leur destination finale, Percé.

   b) Présentez votre carte à la classe. Pour chaque ville indiquée sur la carte, donnez des informations intéressantes que vous avez trouvées sur Internet, y compris le site Web. Expliquez aussi les événements qui se sont passés dans chaque ville.

2. Fais une bande dessinée qui montre les étapes de la fuite de Marc-André et Jo avec les bébés. Commence au moment où ils découvrent l'aéroport, et termine au moment où l'avion décolle.

3. Dresse la liste des qualités d'un bon parent. À ton avis, est-ce que Marc-André se comporte en bon parent dans cette histoire? Donne des exemples par écrit pour justifier ta réponse.

CHAPITRE 6

Le génie scientifique

Percé est un tout petit village. Alors, j'ai vite trouvé la maison avec une pancarte qui affichait *La machine à rajeunir*.

— Je vais atterrir sur la route, a dit notre pilote, je n'ai pas de choix. Alors, serrez fort les bébés dans vos bras.

Il y a eu des vibrations et des chocs. Malgré tout, l'avion a atterri sans problème. Notre ami, Superhéros, méritait bien son surnom.

Nous étions tout juste descendus de l'avion que déjà une foule de curieux nous entourait.

— Ne vous occupez pas d'eux! a dit l'aviateur. Je vais les distraire.

La machine à rajeunir se trouvait maintenant devant nous, plus misérable encore que je ne l'avais imaginée. Ce bâtiment était un vieux garage dont on avait repeint l'extérieur. Des affiches y étaient collées où on pouvait lire : «Vous vous sentez vieux?», «Vous voulez retrouver le bon vieux temps?», «Entrez ici et revivez votre jeunesse!»

Nous avons vu un gros homme sortir du musée et s'approcher de nous.

Avant de lire

- Quels défis est-ce que Marc-André et Jo auront une fois rendus à Percé?
- À ton avis, est-ce qu'ils vont réussir à sauver Sophie et Hugo? Justifie ta réponse.
- Qui pourrait les aider? Qui pourrait rendre leur mission très difficile?

— Quelle idée d'atterrir en plein village! a-t-il hurlé. Et puis, je vous informe que le stationnement est interdit sur la route!

— Êtes-vous Léo Lepitre? lui ai-je demandé.

— C'est moi!

Une auto-patrouille est soudain apparue, ce qui m'a donné un choc. Même si l'arrivée des policiers était normale après l'atterrissage d'un avion sur la route, j'avais peur qu'ils viennent déranger mes plans.

Immédiatement après, la caravane blanche est arrivée comme un cheveu sur la soupe.

— Marc-André! a crié Luce en sautant du véhicule. J'ai eu si peur de ne pas te retrouver!

— Le cerveau électronique! a chuchoté Jo.

Superhéros s'adressait maintenant aux policiers, pendant qu'Henri-François d'Estragon chassait les curieux.

— Depuis hier soir, a raconté le génie scientifique, je n'ai pas cessé de réfléchir à votre cas. Lorsque j'ai enfin compris, j'ai demandé à papa qu'on parte à votre recherche.

— À quoi veux-tu en venir, tête enflée? a dit Jo. T'écouter, on n'a pas que ça à faire!

— Marc-André, ces bébés sont tes parents, n'est-ce pas? a répondu Luce. Tes copains aux vêtements trop grands et les deux adultes qu'on a vus plus tôt, ils étaient bien tes parents? Ce sont les mêmes personnes qui rajeunissent sans arrêt?

Je suis resté muet de surprise. Elle a continué :

— La cause du phénomène se trouve ici. Logiquement, cette *machine à rajeunir* devrait nous fournir la solution.

Comment, avec si peu d'informations, avait-elle pu découvrir

arriver comme un cheveu sur la soupe

toute la vérité? Son intelligence me renversait!

Une fois revenu de mon étonnement, je me suis tourné vers Léo Lepitre.

— Reconnaissez-vous ces bébés? Quand ils sont venus ici, il y a quelques jours, vous leur avez offert des billets gratuits. Vous les leur avez donnés parce qu'ils étaient les clients numéros 100 et 101. À ce moment-là, ils avaient 40 ans! Que leur avez-vous fait? Expliquez-le-moi si vous ne voulez pas finir votre vie en prison!

Ses yeux agrandis se promenaient de Hugo à Sophie et de Sophie à Hugo. Il a ensuite regardé les policiers qui discutaient avec Superhéros. Enfin, il s'est exclamé :

— Je suis un honnête citoyen, moi! Je ne savais pas que j'allais causer des ennuis! J'ai tout simplement appuyé sur le bouton rouge comme on m'a dit de faire!

— Quel bouton rouge?

— Celui qui est sous le guichet. On m'avait dit d'appuyer sur ce bouton à tous les 100 clients.

— Qui vous a demandé de faire ça?

— Les représentants de la compagnie. C'est tout ce que je sais! Je vous le jure!

— Si je comprends bien, vous êtes chargé de mettre en marche un appareil dont vous ne savez rien?

— Absolument! J'obéis aux instructions. C'est tout!

Luce s'est approchée de moi.

— Allons vite voir ce qui se trouve à l'intérieur, a-t-elle dit.

Après avoir confié mon père à Jo, je suis entré avec Luce à l'intérieur de *La machine à rajeunir*.

Le corridor de l'entrée donnait sur trois salles. Dans la

première se trouvaient des vêtements à la mode durant les années 60. Des minijupes, des chemises à fleurs et des robes à rayures. Dans la deuxième salle se trouvaient des dessins psychédéliques et des photos des vedettes de l'époque : Beatles, Beach Boys, Rolling Stones, Doors…

La troisième salle était divisée en deux parties. Après avoir traversé la première partie, où se trouvaient des disques, on arrivait à une porte en métal. Cette porte s'ouvrait sur une salle de projection. Les murs, le plancher et le plafond de cette salle étaient couverts de métal. Une dizaine de fauteuils étaient placés en face d'un écran.

— Quand cette porte est fermée, a dit Luce, cette pièce devient parfaitement hermétique.

Elle a examiné l'un des fauteuils. Puis, elle s'est approchée d'un mur et l'a touché du plat de la main.

— Regarde! On dirait un boulon, mais il s'agit d'un viseur à micro-ondes. L'appareil qui provoque le rajeunissement se trouve dans cette salle. Il se trouve derrière les couches de métal qui couvrent les murs. Mais pour que l'expérience débute, il faut avoir un cobaye assis dans l'un des fauteuils.

— Expérience, cobaye… C'est à ça que tu penses, toi aussi?

— Il est évident que l'entreprise qui possède ce musée est spécialisée en biotechnologie. Ses employés ont créé une machine qui permet de rajeunir. Au lieu de tester cette machine sur des volontaires, les responsables utilisent des gens choisis au hasard. Tu vois, ils font des expériences sans leur en parler.

— Comme l'a dit Lepitre, l'expérience est répétée tous les cent clients.

— Exact. Mais je suis persuadée que des appareils semblables existent ailleurs. Pour que les tests soient valides, ils doivent être réalisés sur un grand nombre de personnes.

— Pourquoi ont-ils inventé une machine aussi diabolique?

— Quand cette technologie sera bien maîtrisée, Marc-André, beaucoup de gens paieront une fortune pour en profiter. Vendre la jeunesse éternelle! Peux-tu imaginer un meilleur moyen de devenir riche?

En allant vers la sortie, nous nous sommes arrêtés au guichet. J'ai tout de suite remarqué les câbles sur les murs. Une petite boîte avec un bouton rouge était cachée sous le comptoir. Des fils reliaient cette boîte à un ordinateur.

Luce a démarré l'ordinateur, puis a rapidement pianoté sur le clavier. Des signes bizarres sont apparus à l'écran.

— C'est bien ce que je croyais, a-t-elle dit. Les commandes

de l'appareil de rajeunissement se trouvent ici. Le langage de programmation est compliqué, mais je n'aurai aucune difficulté à le décoder. Laisse-moi seule quelques minutes.

Je suis sorti, et Jo a déposé mon père entre mes bras. Hugo était si léger que je ne le sentais presque plus.

Après une attente qui m'a semblé une éternité, j'ai entendu la voix de Luce.

— C'est fait! Il vous reste à déposer les bébés dans la salle de projection.

— Que se passera-t-il ensuite? ai-je demandé, inquiet.

— J'ai modifié la programmation de l'appareil. Une fois que vous les y mettrez, j'appuierai sur le bouton rouge, et tes parents se remettront à vieillir. Ils devraient retrouver leur âge normal en quelques secondes.

— Quoi! Tu as été capable de…?

— Et si tu te trompes? lui a demandé Jo. Si, en appuyant sur ce bouton, tu tues les bébés?

Malgré les cheveux qui cachaient le visage de Luce, j'ai vu qu'elle était inquiète. Mais de toute façon, nous n'avions plus le choix. J'ai donc couru dans le musée à toute vitesse, et Jo m'a suivi. Nous sommes arrivés dans la salle de projection avec les bébés et nous les y avons installés.

Tout à coup, un bruit d'enfer.

— L'hélicoptère! a crié Jo. Il est sur le toit! Les bandits sont revenus pour les petits. Ils vont encore essayer de nous les prendre!

Presque aussitôt, une partie du plafond est tombée. Nous nous sommes jetés par terre, et mes parents se sont retrouvés sur le plancher. Les bandits sont apparus. La femme a collé une petite boîte sur la porte, puis ils se sont dirigés vers les bébés. Quand j'ai pris l'homme par le bras, il m'a projeté au bout de la pièce. La femme a poussé Jo sur le plancher d'un coup de coude.

Soudain, une voix d'homme a couvert le bruit de l'hélicoptère.

— Sortez! Les mains en l'air!

La police! Les bandits ont sursauté et ont disparu par le trou du plafond. L'hélicoptère s'est élevé aussitôt dans les airs.

Je me suis rendu jusqu'à la porte pour voir la petite boîte qui y était collée. Un écran affichait des chiffres qui diminuaient : 05:17… 05:16… 05:15…

— Une minuterie d'autodestruction! La programmation va s'autodétruire dans un peu plus de cinq minutes! *La machine à rajeunir* va avoir un court-circuit! Ça risque d'exploser! Dépêchons-nous!

— Plaçons mes parents dans les fauteuils. Luce a dit que c'était nécessaire pour que l'appareil fonctionne.

Hugo et Sophie n'avaient plus un cheveu sur la tête. Leur peau était rose et plissée. Leurs poings serrés n'étaient pas plus gros que le bout de mon doigt.

Tout à coup, j'ai cru que Luce s'était trompée! Le rajeunissement continuerait, et mes parents disparaîtraient!

Je me suis raisonné, puis nous sommes sortis de la salle sans oublier de fermer la porte. En nous voyant, Luce a appuyé sur le bouton rouge.

Quand nous sommes revenus dans la salle de projection, il restait moins de trois minutes avant l'autodestruction.

Mes parents ont levé la tête lentement. Ils avaient l'expression des gens qui ont bu trop d'alcool.

Hugo avait son bedon et ses cheveux rares. Sophie avait ses

petites rides, et sa silhouette s'était épaissie. Elle cachait ses seins derrière ses bras croisés.

— Ma… Marc-André? a fait mon père en plissant ses yeux de myope.

— Où est-ce qu'on est? a demandé maman.

J'ai vite déchiré un rideau pour couvrir mes parents.

Nous les avons aidés à marcher jusqu'à l'extérieur, car ils étaient faibles. Dehors, j'ai crié très fort :

— *La machine à rajeunir* va se détraquer! Ça risque de sauter dans quelques secondes!

Superhéros et Henri-François d'Estragon nous ont aidés à transporter mes parents jusqu'à la caravane blanche et à les y installer. Les policiers, eux, nous observaient avec méfiance. Avant de m'éloigner, je leur ai crié : «Cachez-vous!»

Il y a eu un bruit terrible. Je me suis lancé sur le sol et je me suis caché le visage pour me protéger. Après quelques secondes, le silence est revenu et j'ai ouvert les yeux. Le court-circuit avait déclenché un incendie dans la machine. Les flammes l'ont détruite en quelques minutes. Malgré la fumée, j'ai vu que personne n'était blessé.

À mes côtés, Luce était sur le ventre, elle aussi.

— Comment est-ce que je pourrais te remercier? Sans toi, mes parents n'existeraient plus!

Elle me regardait, immobile, le visage toujours caché par ses cheveux. Alors, incapable de me retenir, j'ai écarté ses cheveux pour voir son visage. Le tableau qui m'est apparu était si surprenant que j'ai sursauté.

— Mais tu es jolie! Tu es très jolie!

Elle avait un visage délicat, un nez retroussé, une bouche étroite. Le plus magnifique, c'était ses yeux : bleus et clairs

comme des morceaux de ciel, sérieux comme le cœur d'un enfant sage. Son sourire m'éblouissait.

— Je suis un génie scientifique, a-t-elle dit. Jusqu'à présent, c'est ce que j'ai été. Mais en réalité, je suis une fille timide incapable de se faire des amis.

— Tu viens de te faire un ami pour toujours, Luce!

— Je ne m'étais pas trompée à ton sujet, Marc-André. Tu es un spécimen vraiment intéressant!

◆ ◆ ◆

La moitié de *La machine à rajeunir* était en cendres. Les secrets de la technologie qui avait presque tué mon père et ma mère étaient partis en fumée. Personne ne pourrait les y retrouver.

Quand Hugo et Sophie se sont approchés de moi, une couverture enroulée autour du corps, mes yeux se sont remplis d'eau. Ils me regardaient avec un sourire tendre.

— On arrête tout le monde! a ordonné un officier. Les jeunes, les vieux, tout le monde! On démêlera le casse-tête plus tard.

Je suis monté dans la voiture de police avec joie. Enfin, auprès de mes vrais parents, j'étais heureux comme un poisson dans l'eau.

Quant aux agents, ils voulaient des explications. En fait, ils méritaient bien qu'on leur en donne.

être heureux comme un
poisson dans l'eau

Mets les phrases suivantes dans l'ordre chronologique.

1. Une partie du plafond de la salle de projection tombe et les gens en noir de l'hélicoptère apparaissent.

2. *La machine à rajeunir* s'autodétruit dans un nuage de fumée et un grand bruit.

3. Marc-André et Jo trouvent *La machine à rajeunir* et Léo Lepitre.

4. Hugo et Sophie ont de nouveau quarante ans.

5. Luce réussit à décoder le langage de programmation de l'appareil de rajeunissement.

Expansion

1. Réfléchis aux paroles de Luce :

   «Quand cette technologie sera bien maîtrisée, Marc-André, beaucoup de gens paieront une fortune pour en profiter. Vendre la jeunesse éternelle! Peux-tu imaginer un meilleur moyen de devenir riche?»

   En un paragraphe, explique pourquoi il y a tant de personnes qui sont prêtes à dépenser beaucoup d'argent pour rester jeunes.

2. En classe, organisez un débat à propos de cette déclaration : le plus bel âge est l'adolescence.

3. Crée un musée comme celui que Sophie et Hugo ont visité. Tu peux choisir comme thème les années 50, 60, 70, etc. N'oublie pas d'inclure au moins deux salles d'exposition.

LA LEÇON

Moi, j'ai souffert.

Moi, je me suis blessé.

Moi, j'ai été brûlé.

Moi, je me suis trompé.

Moi, je me suis fâché.

Moi, j'ai pleuré.

Moi, j'étais ému.

Moi, je me suis perdu.

Et maintenant, moi, je comprends.

Avant de lire

- Quelle est ta chanson préférée?
- Penses-tu que la chanson est plus populaire que la poésie? Pourquoi?
- Pourquoi est-il parfois difficile de comprendre un poème?
- Peux-tu nommer quelques types de poèmes?

Poèmes par Michael Erdman

MON FRANÇAIS

Langue pure laine,

plus chaude que le soleil,

plus belle que la Marianne,

plus fluide que le fleuve Saint-Laurent.

Tu exprimes ma joie,

tu exprimes ma tristesse,

tu exprimes mon âme et mon cœur.

Tu es mon orgueil,

ma musique,

mon souffle.

Tu es ma raison d'être.

C'EST POUR MOI

Maman m'a dit que c'est mieux.

Papa m'a dit que c'est nécessaire.

Tout le monde m'a dit que c'est acceptable.

Le professeur m'a dit que c'est pour moi.

Papa aura sa maison.

Maman aura sa maison.

Et moi, j'aurai deux maisons,

Mais je ne serai pas chez moi si j'ai seulement un parent avec moi.

MA BEAUTÉ EST TOUTE SIMPLE

Ma beauté est toute simple.

Elle est verte comme une émeraude.

Elle change souvent de vêtements.

Elle est aimable et elle n'a pas de bêtes noires.

Ma beauté sait rire, chanter, guérir.

Elle se fâche, elle se moque, mais pas sérieusement.

Elle est artiste, poète, mère et créatrice.

Elle est grande, elle est petite; elle est partout, elle est ici.

Ma beauté, bien sûr, c'est la nature.

1. De quelles émotions le poète parle-t-il dans *La leçon*?
2. Dans le poème *La leçon*, pourquoi est-ce que l'auteur dit *Et maintenant, moi, je comprends*?
3. Dans le poème *Mon français*, à ton avis, que pense l'auteur de la langue française?
4. Quel est le thème du poème *C'est pour moi*? Comment le sais-tu?
5. Trouve un exemple d'une métaphore dans le poème *Ma beauté est toute simple*.
6. De quoi l'auteur parle-t-il dans ce poème?

Expansion

Choisis un des poèmes et crée un collage qui exprime les mêmes idées et émotions, mais dans un format visuel. Présente ta création à la classe.

Les frères et les sœurs : amis ou ennemis?

Avant de lire

- Combien de frères et de sœurs as-tu?
- D'habitude, qu'est-ce qui provoque des disputes entre toi et tes frères et tes sœurs?
- Aimes-tu l'idée d'être enfant unique? Pourquoi?

Sabrina, 16 ans

J'ai deux sœurs, une de 19 ans et une de 11 ans. Ma sœur aînée va maintenant à l'université, et la petite est en 6e année. Bien sûr, on a chacune nos copains et copines. Nos vies sociales sont séparées, mais j'adore mes sœurs. On est proche et on se raconte nos petites histoires. On partage aussi quelques-uns de nos vêtements et du maquillage.

Jérôme, 17 ans

Ma sœur a maintenant 23 ans, elle travaille et elle vit très loin de chez nous, alors je ne la vois pas souvent. Quand j'étais petit, elle m'aidait à faire mes devoirs. Quand j'avais entre 12 et 14 ans, on a eu des conflits parce que je la taquinais beaucoup. Mes copains et moi, on espionnait ma sœur et ses amis pour nous amuser. On n'a plus de conflits maintenant, mais on n'a pas vraiment grand-chose à se dire.

Rosalie, 17 ans

J'ai une demi-sœur de 23 ans et nous sommes de super bonnes amies. On se parle beaucoup. Ma sœur m'aide toujours à négocier avec mes parents, surtout pour les sorties et les permissions. J'ai aussi un frère qui a 21 ans. Je ne comprends pas pourquoi, mais lui et moi, nous sommes comme chien et chat. Il y a un mur entre nous, et on ne se parle presque jamais.

Alexandre, 15 ans

Mon frère de 13 ans me rend fou! C'est le garçon modèle, le fils parfait, le chouchou de la famille. Il étudie tout le temps et il a de bonnes notes à l'école, alors que moi, j'ai des difficultés dans presque tous mes cours. Mes parents me disent toujours de faire comme mon frère, et à la longue, c'est très frustrant! Je n'ai pas du tout envie d'être comme lui! Il m'énerve!

Kaiya, 16 ans

Je n'ai ni frères ni sœurs; je suis enfant unique. Tout le monde me demande si je me sens seule et isolée. Pas du tout! Parfois, j'aime bien être seule. Quand j'ai envie de parler avec quelqu'un, je téléphone à mes amis. J'en ai beaucoup. Une chose que je n'aime pas : je n'ai personne avec qui faire le ménage.

As-tu compris?

D'après ces jeunes, quels sont les avantages et les désavantages d'avoir des frères et des sœurs?

Expansion

1. Les parents d'un(e) enfant unique sont plus exigeants avec leur enfant que s'il ou elle avait des frères et des sœurs. Discutez-en.

2. Est-ce que c'est plus difficile d'être l'aîné, le cadet ou le benjamin? Donne des exemples par écrit pour illustrer ton opinion.

Les parfums

Avant de lire

- Pourquoi les gens se parfument-ils?
- Penses-tu que les parfums peuvent avoir un effet thérapeutique sur les gens? Pourquoi?
- Connais-tu quelqu'un qui ne peut pas supporter le parfum? Quel effet est-ce que les parfums ont sur cette personne?

À Halifax, en Nouvelle-Écosse, il se passe quelque chose d'étrange. Les gens ont la phobie du parfum. Depuis le 1ᵉʳ février 2000, une loi interdit le parfum dans cette ville, ce qui satisfait beaucoup de gens. Il est interdit de porter du parfum dans les endroits publics, comme les écoles, les bibliothèques, l'hôtel de ville, les tribunaux, les théâtres, les magasins et même les transports en commun.

Partout, on voit des panneaux affichant un slogan contre le parfum *Good Sense is No Scents*. Le problème : on trouve du parfum dans presque tous les cosmétiques. Les gens en portent donc tous les jours.

Gary Falkenham, un élève de 17 ans qui habite à Halifax, avait adopté le gel coiffant Dippity Doo et le désodorisant Aqua Velva. En mars 2000, une enseignante a alerté la police. Elle a accusé le jeune homme de provocation. Son crime? Les parfums qu'il portait sentaient trop fort. C'était une douche dont il avait besoin! Mais même les savons et les shampooings sont parfumés…

Bien des gens détestent l'odeur des parfums et des produits nettoyants. Cette réaction

serait causée par une maladie environnementale. Les personnes qui sont «sensibles aux produits chimiques» ne supportent pas les odeurs. Dès qu'elles sentent l'odeur d'un produit nettoyant, par exemple, elles souffrent de maux de tête, de vomissements, de rougeurs ou de problèmes respiratoires. Ce genre de problème est exactement ce que cette nouvelle loi est censée prévenir.

Même si au moins 800 résidents de Halifax ont été traités pour ces symptômes, beaucoup de médecins pensent qu'ils sont dus à une réaction psychologique, une maladie imaginaire. Le phénomène est apparu en 1991, quand des employés d'un centre médical de Halifax se sont plaints de la mauvaise qualité de l'air. Le lave-vaisselle de la cafétéria, qui laissait échapper des gaz, a été réparé. Cependant, les plaintes ont continué et, jusqu'à présent c'est un problème dont personne n'a trouvé la cause.

Ce qu'on trouve également inexplicable, c'est que les personnes «allergiques aux parfums» sont rarement allergiques aux pesticides. Les pesticides sont plus dangereux que les parfums. Pourtant, il n'y a pas de loi contre les pesticides à Halifax.

Les parfums naturels contiennent des extraits de fleurs, de fruits, d'épices, de feuilles, de racines, de bois, de mousses, de graines et même de certains animaux.

Comme des milliers de fleurs sont nécessaires pour produire un minuscule flacon, il a fallu créer des produits synthétiques. Aujourd'hui, on en compte plus de 6 000, alors qu'il existe seulement 140 parfums naturels. Les parfums synthétiques sont vendus à des prix raisonnables.

Le parfum : un médicament? Le parfum a connu sa période de gloire en Égypte et en Grèce. Du temps des Romains, on parfumait le bain, l'huile des lampes, les vêtements, les chevaux et même les voiles des bateaux. Le parfum était aussi très populaire dans les pays arabes. Au Moyen-Orient, autrefois, on parfumait tout d'eau de rose, de musc ou d'ambre-gris.

C'est pendant les croisades que les musulmans ont enseigné aux Européens comment se parfumer. Plus tard, aux XVIe, XVIIe et XVIIIe siècles, il y a eu de grandes épidémies en Europe. Les gens se parfumaient pour éloigner les odeurs de la peste, qui a tué 33 % de la population française.

On croyait à l'époque que les maladies se transmettaient par les odeurs. Le parfum était donc utilisé pour des raisons médicales. On en portait sur tout le corps et on en buvait même!

Même si le savon n'était pas populaire autrefois, les gens suivaient une certaine hygiène. Ils changeaient de vêtements chaque jour, portaient des perruques poudrées et se parfumaient abondamment.

Ce qui a obligé la population à se laver, c'était la découverte des microbes au XVIIIe siècle. En conséquence, on a oublié les propriétés thérapeutiques du parfum.

Mais voilà que, trois siècles plus tard, l'aromathérapie devient de nouveau populaire. On croit maintenant que certaines odeurs ont des effets calmants, rafraîchissants ou excitants. Pourtant, beaucoup de produits d'aromathérapie vendus dans le commerce sont à base de parfums synthétiques. Aujourd'hui, on recherche les produits naturels, mais ils coûtent cher.

Qui a raison? Les parfums sont-ils bénéfiques ou nocifs?

1. Explique le slogan de Halifax, *Good Sense is No Scents*.
2. Quelles réactions les personnes allergiques aux parfums peuvent-elles avoir?
3. Que contiennent les parfums naturels?
4. Pourquoi a-t-il été nécessaire de produire des parfums synthétiques?
5. Pour quelle raison les Européens aux XVIe, XVIIe et XVIIIe siècles se parfumaient-ils?
6. Quelle découverte importante au XVIIIe siècle a obligé les Européens à se laver régulièrement?
7. De nos jours, qu'est-ce qui est devenu de nouveau populaire?

Expansion

1. «Le parfum doit être interdit dans les endroits publics.» Es-tu d'accord avec cette déclaration? En groupes de quatre, préparez et faites un débat : pour ou contre.
2. Tu viens d'inventer un nouveau parfum à base d'ingrédients naturels. Il n'est pas nocif pour les gens sensibles aux odeurs. Crée une annonce publicitaire pour promouvoir ton produit. Donne un nom à ton parfum, nomme les ingrédients et explique pourquoi ce parfum est unique.

Les soins des animaux sauvages

Avant de lire

- Quels animaux habitent dans ta région?
- As-tu déjà aidé un animal en détresse? Qu'as-tu fait?
- Tu trouves un animal en détresse. Qui est-ce que tu contactes?

Un oiseau se cogne à une fenêtre. Un raton laveur est blessé par une voiture. Un bébé écureuil perd sa mère… Tous les jours, des drames frappent les animaux sauvages.

L'histoire de Madhu

La première fois que j'ai trouvé un animal en détresse, c'était un bébé porc-épic. Il avait une patte blessée. Comme je ne savais pas quoi faire pour l'aider, je l'ai amené au *Toronto Wildlife Centre*. Les employés du centre ont pris soin du petit porc-épic immédiatement. C'est là que j'ai rencontré Nathalie Karvonen, la fondatrice de ce centre de réadaptation pour les animaux sauvages.

Depuis 1992, Nathalie et un groupe d'employés et de bénévoles accueillent et soignent régulièrement au moins 300 différentes espèces d'animaux. Écureuils, ratons laveurs, renards, chauves-souris, corneilles, tortues, opossums, goélands, pigeons, piverts, castors, mouffettes, porcs-épics, canards, bernaches sont quelques-unes des espèces qui vivent dans la région de Toronto.

Nathalie intervient aussi lorsque certains animaux sont trop envahissants. Par exemple, dans les aéroports où les bernaches dérangent le va-et-vient des avions, elle suggère de remplacer le gazon des environs par un type de verdure qui n'attire pas ces oiseaux. De la même façon, elle suggère des moyens simples et naturels pour encourager les ratons laveurs ou les écureuils à abandonner le grenier d'une maison.

Fascinée par la passion de Nathalie pour la faune urbaine, j'ai décidé de la rencontrer pour en savoir plus.

L'interview de Madhu avec Nathalie Karvonen

Madhu : Nathalie, lorsqu'on trouve un animal blessé, peut-on le prendre?

Nathalie : S'il s'agit d'un petit animal inoffensif, soyez calme, prenez-le très doucement avec une serviette et déposez-le dans une boîte en carton. Par contre, s'il s'agit d'un écureuil, d'un raton laveur ou d'un coyote, n'y touchez pas. Ils peuvent mordre quand ils sont effrayés. Il est préférable de déposer sur eux une boîte de recyclage à l'envers et d'appeler dès que possible le *Toronto Wildlife Centre*. De cette façon, ils seront protégés contre les autres animaux en attendant qu'un(e) spécialiste arrive.

Madhu : Que faire s'il n'y a pas de centre de réadaptation pour les animaux sauvages dans ma région?

Nathalie : En Ontario, il existe environ une centaine d'établissements spécialisés qui ont un permis spécial pour soigner les animaux sauvages. Pour trouver celui qui est le plus proche de chez vous, contactez le ministère des Ressources naturelles, la Société protectrice des animaux ou un vétérinaire. Il faut vous assurer que l'animal est soigné par un(e) spécialiste qui a son permis. La plupart des vétérinaires ne connaissent pas les besoins particuliers des animaux sauvages.

Madhu : Que faire si un oiseau se cogne à une fenêtre?

Nathalie : Cela arrive très souvent. Il suffit de déposer l'oiseau dans une boîte avec une fente pour laisser passer l'air. Placez la boîte dans un endroit sombre et silencieux pendant une heure et demie ou deux heures. Si l'oiseau n'est pas capable de s'envoler par la suite, téléphonez à un centre spécialisé.

Madhu : Dois-je transporter moi-même l'animal jusqu'à votre centre?

Nathalie : Comme nous avons un très petit budget, nous vous demandons de transporter l'animal. Mais si vous n'avez pas de voiture, nous pouvons envoyer un(e) bénévole.

Madhu : Que peut-on donner à manger à un animal sauvage?

Nathalie : Surtout, ne lui donnez rien à manger. Vous pourriez l'empoisonner avec une nourriture qui ne lui convient pas. Par contre, donnez-lui de l'eau. Vous pouvez lui en donner dans un bol, mais assurez-vous que le bol est bien stable dans la boîte, sinon l'animal pourrait le renverser et se mouiller, et il aurait froid.

Madhu : Puis-je soigner l'animal moi-même?

Nathalie : Ne le soignez pas. Traiter un animal sauvage est quelque chose de très difficile qui demande un entraînement spécial. Les animaux ont des besoins très différents les uns des autres, et il vaut mieux laisser cette tâche à des spécialistes.

Récemment, une petite fille et son frère m'ont appelée après avoir soigné une

couleuvre blessée qu'ils avaient trouvée dans la forêt. Ils ont fait des recherches sur ce type de couleuvre, puis l'ont installée dans un terrarium, dans une chambre. Personne n'avait le droit d'entrer dans cette chambre sans leur permission. Comme nourriture, ils lui ont donné exactement ce qu'elle mange normalement dans la nature, mais ce n'était pas suffisant. Les blessures qu'ils n'ont pas soignées étaient toujours infectées, et la couleuvre restait sans bouger. Finalement, après plusieurs semaines, ils nous l'ont apportée au centre.

Madhu : Quels conseils avez-vous donnés à ces jeunes?

Nathalie : Nous leur avons dit qu'ils avaient fait un excellent travail, mais que cela n'était pas suffisant. La couleuvre est restée blessée plus longtemps que nécessaire. Ils ont très bien compris leur erreur.

Madhu : Et la couleuvre?

Nathalie : Nous avons nettoyé ses blessures, puis nous l'avons traitée tout l'hiver avec un antibiotique spécial. Dans son terrarium, nous avons mis un tissu très doux et stérile pour protéger ses blessures. Au printemps, nous avons annoncé aux jeunes que la couleuvre était guérie. Ils sont venus la reprendre, l'ont amenée dans la forêt où ils l'avaient trouvée et l'ont relâchée.

Madhu : Que faites-vous, d'habitude, lorsqu'on vous apporte un animal blessé?

Nathalie : Nous l'examinons et nous commençons le traitement dont il a besoin. Selon la gravité de la blessure, il peut être soigné par notre vétérinaire ou l'un des employés que nous avons formés.

Madhu : Peut-on lui rendre visite pendant sa convalescence?

Nathalie : Non, car les animaux sauvages ont besoin de silence et de solitude. La présence d'êtres humains ou d'autres animaux les terrorise, ce qui peut retarder leur guérison. Nous gardons l'animal seul dans une cage, dans un endroit calme et silencieux. Les gens qui ont apporté un animal blessé peuvent toujours nous appeler pour avoir des nouvelles.

Madhu : Que faites-vous lorsque l'animal se sent mieux?

Nathalie : Nous le mettons dans une cage plus grande, à l'extérieur. Il peut y faire un peu d'exercice et se réhabituer à la température extérieure. Comme nourriture, nous lui donnons ce qu'il mange normalement dans la nature.

Madhu : Peut-on avoir une amitié avec les animaux sauvages?

Nathalie : Tôt ou tard, l'animal doit retourner dans la nature. Alors, il vaut mieux ne pas avoir une amitié avec un animal sauvage. Il est important qu'il ait peur des humains, car certains pourraient lui faire du mal. C'est pour cette raison que nous considérons comme nuisibles les films où l'on encourage les relations amicales avec les animaux sauvages.

Madhu : Où relâchez-vous l'animal lorsqu'il est guéri?

Nathalie : Là où il a été trouvé. Il se sent plus à l'aise dans un lieu qu'il connaît bien. Nous prenons soin de placer à cet endroit une boîte qui porte son odeur. Il peut s'y réfugier pendant ses premières semaines de liberté. Certains animaux y retrouveront le conjoint qu'ils avaient adopté pour la vie.

Madhu : Les animaux sauvages peuvent-ils nous transmettre des maladies contagieuses?

Nathalie : Oui, et les humains peuvent aussi leur en transmettre. Mais bien des gens ont une peur exagérée des maladies transmises par les animaux. La rage, par exemple, est beaucoup plus rare qu'on le croit. La dernière fois qu'un être humain a attrapé la rage au Canada, c'était il y a environ 60 ans! Je n'ai moi-même contacté aucune maladie pendant toutes ces années que j'ai passées à soigner les animaux!

Madhu : Que faire si on trouve un bébé animal abandonné?

Nathalie : D'abord, ne le touchez pas, car il est probable que sa mère n'est pas loin. Par contre, il faut appeler immédiatement le *Toronto Wildlife Centre* ou un centre spécialisé.

Madhu : Que faites-vous avec les petits?

Nathalie : On les élève généralement avec d'autres petits de leur âge pour qu'ils forment une sorte de famille artificielle. Comme ça ils vont s'identifier aux animaux de leur espèce, ce qui est primordial. Si un bébé écureuil grandit sans contact avec d'autres écureuils, son comportement ne sera pas normal, et il sera rejeté par les autres écureuils. Il risque alors de mourir de froid en hiver, car les écureuils se tiennent au chaud en se collant les uns aux autres.

Madhu : Comment puis-je devenir bénévole au *Toronto Wildlife Centre*?

Nathalie : D'abord, remplissez un formulaire et répondez aux questions honnêtement. Ensuite, vous devez passer une entrevue d'évaluation. Nous n'acceptons pas les gens qui ont envie de jouer avec les animaux parce qu'ils les trouvent mignons. On leur conseille plutôt de se procurer un chat ou un chien.

Madhu : Que font les bénévoles?

Nathalie : Les débutants ont des tâches simples, comme faire le nettoyage et la vaisselle. Ensuite, ils suivent une formation qui leur permet d'intervenir auprès des animaux. Après la fin de la formation, les bénévoles peuvent faire des piqûres aux animaux, par exemple.

Madhu : Merci beaucoup d'avoir pris le temps de parler avec moi, Nathalie. Mais surtout, merci pour les bons soins que vous donnez à notre faune urbaine!

Nathalie : Ça me fait plaisir, et merci de votre intérêt!

1. Quelles sortes de drames frappent les animaux sauvages?
2. Identifie quelques espèces que le centre de réadaptation a soignées.
3. Nomme quelques conseils que Nathalie donne quand on trouve un animal en détresse.
4. Pourquoi décourage-t-elle l'amitié avec les animaux sauvages?
5. Qu'est-ce que les bénévoles font au centre de réadaptation pour les animaux?

Expansion

1. Tu es Nathalie Karvonen. Tu cherches des bénévoles pour ton centre de réadaptation. Crée une affiche pour annoncer tes besoins.
2. Imagine que tu es premier ministre. Quelles lois créeras-tu pour protéger les animaux sauvages et leur habitat? Présente tes nouvelles lois à la classe.
3. Avec un ou une partenaire, écrivez et présentez un dialogue entre deux personnes qui ont trouvé un animal sauvage en détresse. Ces deux personnes ont de bonnes intentions, mais une seule connaît la bonne façon de porter secours à un animal sauvage.
4. Crée une affiche qui montre ce qu'il faut faire et ce qu'il ne faut pas faire pour respecter la faune quand on fait du camping ou des excursions en pleine nature. Présente et explique ton affiche à la classe.

L'histoire des calendriers

On trouve des calendriers partout, dans les maisons, les bureaux et les endroits publics. Il y en a de toutes sortes, minuscules, moyens ou géants, illustrés de paysages, de fleurs ou d'animaux. Ces calendriers nous rappellent le jour de la semaine, la date et les fêtes à venir. La plupart nous renseignent aussi sur les jours de pleine lune et de nouvelle lune.

Toutes les sociétés ont voulu organiser le temps. C'est pourquoi les calendriers ont été inventés. À travers le monde, il a existé, et il existe toujours, plusieurs calendriers, parfois très différents les uns des autres.

Depuis des millénaires, les gens ont voulu diviser et mesurer le temps. Les cycles du lever et du coucher du soleil, des lunes et des saisons rythmaient déjà la vie de tout le monde. Ces phénomènes naturels étaient évidemment les mesures du temps les plus logiques. Les inventeurs des calendriers ont utilisé ces phénomènes pour créer les trois principales unités de mesure : le cycle du lever et du coucher du soleil correspond à une journée, le cycle lunaire à celui d'un mois, et le cycle des saisons à celui d'une année.

Quand a-t-on inventé le calendrier?

Notre calendrier remonte à très loin dans le temps. Après tout, même l'homme des cavernes comptait les jours. En effet, toutes les civilisations du monde ont mesuré le temps, chacune à sa façon, en observant soit le soleil, soit la lune, soit les deux. Notre calendrier actuel qui, lui, est fondé sur l'observation du soleil, vient de très loin...

La petite histoire du calendrier

Du calendrier romain...
Le calendrier des Romains comptait 304 jours divisés en 10 mois. On y ajoutait plusieurs jours tous les ans. Plus tard, ces jours supplémentaires sont devenus les mois de janvier et février pour créer l'année de douze mois.

Au calendrier julien...
En l'an 46 avant Jésus-Christ, les vendanges ont eu lieu en janvier! On a alors modifié le calendrier pour bien planifier les travaux des champs. C'est cette année-là que Jules César et un astronome grec se sont parlé. Cet astronome, un excellent mathématicien, lui a déclaré que l'année comptait 365 jours et six heures. C'est-à-dire le temps que prend la Terre pour faire le tour du soleil. Pour les six heures supplémentaires, Jules César a trouvé la solution idéale : l'année bissextile. En ajoutant une journée au calendrier tous les quatre ans, le calendrier pouvait suivre le cycle naturel des saisons... ou presque!

Au calendrier grégorien : notre calendrier actuel

En 1582, le pape Grégoire XIII a modifié le calendrier encore une fois. Le pape et ses experts avaient découvert que le calendrier avait 11 minutes de trop, et que l'écart grandissait chaque année.

Même après des changements, le calendrier grégorien n'est toujours pas parfait : il ne suit pas fidèlement l'année solaire, qui dure 365 jours 5 heures 48 minutes et 46 secondes.

Pourquoi septembre n'est-il pas le septième mois?

Le mois d'octobre (du latin octo, qui veut dire huit) n'est pas le huitième mois, et novembre n'est pas le neuvième, ni décembre le dixième mois de l'année.

Autrefois, l'ancienne année romaine comptait dix mois :

1	Martius	6	Sextilis
2	Aprilis	7	September
3	Maïus	8	October
4	Junius	9	November
5	Quintilis	10	December

Après l'ajout de janvier et février, les autres mois ont gardé leurs noms, même si leur position n'était plus la même.

D'où viennent les noms des jours?

Les maîtres de l'astrologie chaldéenne, qui vivaient en Mésopotamie (territoire couvrant l'Irak d'aujourd'hui), se sont aperçus que le soleil, la lune et les cinq planètes qu'ils connaissaient, revenaient dans le ciel dans un ordre constant. Ils croyaient que ces corps célestes étaient gouvernés par des dieux. Selon les astrologues, ces esprits avaient une influence sur la vie des gens. C'est pourquoi ils ont consacré aux sept corps célestes la semaine de sept jours telle qu'on la connaît aujourd'hui :

dimanche : solis, jour du Soleil

lundi : lunæ, jour de la Lune

mardi : martis, jour de Mars

mercredi : mercurii, jour de Mercure

jeudi : jovis, jour de Jupiter

vendredi : veneris, jour de Vénus

samedi : sabbati, jour de Saturne

Les autres calendriers célèbres : Le calendrier musulman

Il est fondé sur les mouvements de la lune. L'année musulmane ne s'accorde pas du tout avec l'année solaire. En 32 ans, le premier jour de l'année passe par toutes les saisons. Selon le calendrier musulman, l'an 2001 correspond à l'an 1421; l'an 2010 correspond à l'an 1430.

Le calendrier hébreu

La semaine hébraïque comporte sept jours qui commencent au coucher du soleil. C'est ce calendrier qui est encore aujourd'hui celui des Israélites. Pour eux, l'an 2001 est l'an 5762, et l'an 2010 est l'an 5771.

Le calendrier hindou

Ce calendrier compte douze mois lunaires formés de semaines de sept jours. Tous les trois ans, on ajoute un treizième mois à ces années de 354 ou 355 jours. La durée des mois est déterminée par un calcul astronomique.

D'autres calendriers historiques célèbres : Le calendrier républicain

Imagine un calendrier dont chaque jour porte le nom d'un animal, d'un fruit, d'un légume ou d'une fleur… La révolution française de 1789 a changé la vie politique et sociale en France. On a alors créé ce calendrier, appelé le calendrier républicain, pour montrer que

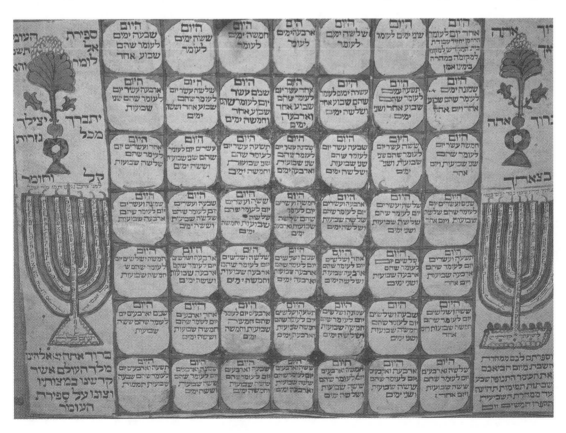

c'était le début d'une nouvelle époque. En 1806, on a abandonné ce calendrier et on a repris le calendrier grégorien. On n'a donc pas de jour du pamplemousse ni de jour de la pomme de terre!

Le calendrier chaldéen

Le peuple chaldéen, installé en Mésopotamie dans un territoire couvrant l'Irak d'aujourd'hui, avait déjà mis au point des calculs d'une grande exactitude 4 000 ans avant Jésus-Christ.

À l'aide du cadran solaire, les Chaldéens ont créé les bases du calendrier que nous connaissons aujourd'hui. Ils ont été les premiers à diviser la journée en 12 heures doubles, l'heure en 60 minutes, et la minute en 60 secondes.

Le calendrier toltèque

Le continent américain a connu de très grandes civilisations. Le calendrier le plus connu créé en Amérique est celui des Toltèques. Ils ont fondé un puissant empire au Mexique vers le VIIe siècle.

L'Amérique centrale a aussi connu les civilisations maya et aztèque, dans le Yucatan. Plus au sud, dans un territoire au Chili et au Pérou, se trouvait la civilisation inca.

Plus de trois siècles avant Jésus-Christ, les Toltèques, les Mayas et les Aztèques possédaient déjà le savoir scientifique dont nous sommes si fiers aujourd'hui.

À l'arrivée des conquérants espagnols, au XVIe siècle, ces peuples ont adopté le calendrier des Européens.

Le calendrier chinois

Les Chinois, qui représentent l'une des plus anciennes civilisations du monde, ont mis sur pied leur premier calendrier il y a plus de 4 000 ans.

Pendant très longtemps, les sages en Chine ont utilisé un calendrier de 365 jours et six heures tout en réussissant à le cacher aux gens du peuple. Ces derniers, considérés comme superstitieux, mesuraient le temps à l'aide du calendrier populaire basé sur les signes du zodiaque : la Souris, la Vache, le Tigre, le Lapin, le Dragon, le Serpent, le Cheval, le Bélier, le Singe, la Poule, le Chien et le Cochon.

Quand le XXIe siècle a-t-il commencé?

Le premier siècle et le premier millénaire ne commencent pas par zéro, mais par un. Le XXIe siècle a donc commencé le 1er janvier 2001.

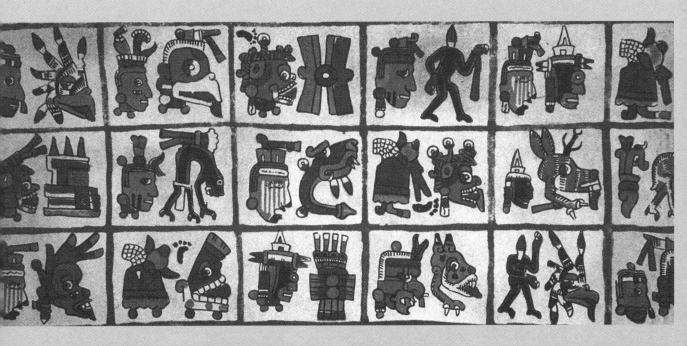

1. Depuis quand a-t-on des calendriers?
2. D'après quel(s) corps céleste(s) mesurons-nous le temps?
3. Qui a contribué au calendrier que nous suivons actuellement?
4. Explique l'origine des noms pour les jours de la semaine.
5. À part le nôtre, nomme quelques autres calendriers en usage.

Expansion

1. Imagine que tu viens de la planète *Enigami*. Une année sur ta planète dure 687 jours. Crée un calendrier pour *Enigami*. Il faut inclure le nom et la durée des mois et des saisons. Inclus aussi au moins cinq fêtes. Présente ton calendrier à la classe.
2. Imagine que le temps n'existe pas. Comment la vie serait-elle différente? Fais une liste des différences avec un ou une partenaire.

Les astéroïdes :

présentent-ils un danger réel ou imaginaire?

- Qu'est-ce que tu sais sur les astéroïdes et les météorites?
- a) As-tu déjà vu un film de science-fiction sur ce sujet? (*Armageddon*, 1998; *Deep Impact*, 1998; *Mission to Mars*, 2000)

  b) Qu'est-ce qui s'est passé dans ces films?
- À ton avis, quel serait le résultat d'une collision entre un corps céleste et la Terre?

De fausses alertes

Les astéroïdes sont de très petites planètes : la Lune est presque 400 fois plus grande que l'astéroïde le plus important. Les astéroïdes sont habituellement en orbite autour du Soleil, entre les orbites de Mars et de Jupiter. Ce qui inquiète les astronomes, c'est la découverte récente qu'ils pourraient se rapprocher de la Terre. En mai 1998, il y a eu un vent de panique lorsqu'on a vu le KY26 s'approcher jusqu'à 805 000 kilomètres de la Terre, à peine deux fois la distance qui nous sépare de la Lune.

Le 28 janvier 2000, l'astronome James Scotti observe le ciel à l'observatoire *Kitt Peak*, en Arizona, lorsqu'il découvre subitement un astéroïde qui se dirige en ligne droite vers la Terre! Inquiet, il contacte immédiatement son collègue italien, Andrea Milani, et lui raconte ce qu'il a découvert. Le 3 février, l'astéroïde disparaît.

Le même jour, l'Union astronomique internationale pour les petites planètes de l'observatoire *Smithsonian* de Cambridge annonce la découverte de l'astéroïde. Le nom donné à l'astéroïde est 2000-BF19. Ce que la découverte ne mentionne pas, cependant, c'est que l'astéroïde pourrait frapper la Terre. Scotti et Milani continuent tout de même leurs calculs pour déterminer quand l'astéroïde atterrirait.

Le 7 février, Scotti reçoit un courriel de son collègue. Milani lui annonce que, selon ses calculs, l'astéroïde pourrait frapper la Terre en 2022! En fait, Milani avait déjà alerté plusieurs collègues.

Une semaine plus tard, le 15 février, Milani annonce à Scotti qu'il s'est trompé. En effet, il avait fait de nouvelles observations, ce qui lui a permis de découvrir que le 2000-BF19 ne descendrait qu'à 5,6 millions de kilomètres de la Terre.

«Ce chiffre est le résultat des nouveaux calculs que j'ai faits avec l'aide d'autres astronomes», a-t-il déclaré. Ce que l'astronome avait réussi à établir après quatre heures de calcul par ordinateur, c'est que l'orbite de l'astéroïde ne présentait aucun danger.

L'astéroïde 2000-BF19 représentait la cinquième fausse alerte en deux ans. Comme pour les fois précédentes, les astronomes se sont consultés et ont découvert, après plusieurs calculs, que l'orbite de l'astéroïde n'avait rien de menaçant.

En Arizona, James Scotti est à la fois soulagé et déçu. D'un côté, la Terre est épargnée, mais de l'autre, cette fausse alerte

pourrait rendre les gens moins attentifs. «Un jour, on va découvrir que les risques de collision sont de un pour 1 000 ou un pour 100. Et si cela se produisait, j'aimerais qu'on nous prenne au sérieux.»

Des astéroïdes peu connus

Quelques centaines de nouveaux objets célestes sont découverts chaque année. Il y a 26 astéroïdes connus dont le diamètre est de plus de 200 kilomètres. Nous connaissons probablement 99 % des astéroïdes dont le diamètre est de plus de 100 km, mais il y en

a certainement des centaines de milliers qui sont trop petits pour être observés de la Terre. Actuellement, près de 2 000 de ces astéroïdes sont potentiellement dangereux, mais on ne connaît l'orbite que de 10 % d'entre eux!

Des cas de collisions connus

Si un astéroïde frappait la Terre, le choc pourrait anéantir une ville, causer un raz-de-marée, un tremblement de terre, ou des incendies. Heureusement, ce genre de catastrophe n'arrive pas souvent. Une

collision avec un astéroïde d'un kilomètre de diamètre se produit tous les 5 000 à 300 000 ans.

En 1908, un bolide de 30 mètres de diamètre a explosé au-dessus de la Sibérie. L'onde de choc a brûlé les arbres sur 80 kilomètres.

Le *Meteor Crater*, en Arizona, a été creusé il y a 50 000 ans par un météorite de 300 000 tonnes. L'impact a laissé un trou de 1,2 km de diamètre et de 200 mètres de profondeur.

Il y a 65 millions d'années, dans le golfe du Mexique, un corps céleste de 6 à 14 km a creusé un cratère de 180 km de large. La lave projetée par l'impact a incendié les continents, un tremblement de terre a secoué la planète, et un terrible raz-de-marée a tout inondé. Le ciel est resté gris pendant des années car les incendies ont soulevé tellement de poussière. Résultat : la température s'est refroidie de 10 à 20 degrés, et des pluies toxiques ont tout empoisonné. C'était l'hiver nucléaire. On estime que 80 % des espèces vivantes ont disparu à ce moment-là, dont les dinosaures.

À l'époque de Noé, avant le déluge, la Lune avait un cycle de 30 jours, et les années duraient 360 jours*, c'est-à-dire exactement 12 mois lunaires. On croit qu'une comète qui a frappé la Terre a non seulement provoqué le déluge, mais a aussi bouleversé l'harmonie des calendriers.

Comment faire dévier un astéroïde?

Si on envoyait une bombe atomique dans l'espace, on pourrait la faire exploser pas loin du corps céleste. Cet impact pousserait le corps céleste dans l'autre direction et on réussirait à défendre notre planète. Mais dans ce scénario-là, il y a toujours le grand risque que la bombe exploserait au décollage.

Il est toujours possible de se servir d'un moteur de fusée, par exemple. Si on faisait démarrer ce moteur en ligne droite vers l'astéroïde, on pourrait pousser l'astéroïde et le faire dévier de sa trajectoire.

Donc, si les scientifiques sont à court d'idées, ils n'ont qu'à regarder des films de science-fiction!

*voir la sélection n° 5 : *L'histoire des calendriers*, pp. 76–82

Vrai ou faux? Corrige les phrases qui contiennent une fausse information.

a) James Scotti et Andrea Milani sont des astronomes italiens.

b) Pour savoir si un astéroïde va frapper la Terre, il faut établir son orbite.

c) Milani et Scotti concluent que l'astéroïde 2000-BF19 ne va pas entrer en collision avec la Terre.

d) Scotti est déçu d'apprendre que la Terre est épargnée.

e) Les astéroïdes sont plus grands que la Lune.

f) Il n'y a pas beaucoup d'astéroïdes de moins de 100 km de diamètre.

g) Les astéroïdes représentent une grande menace pour notre planète.

h) La disparition des dinosaures est probablement due à un corps céleste qui est tombé dans le golfe du Mexique.

i) Le déluge, à l'époque de Noé, a probablement causé une collision entre la Terre et une planète.

j) Les scientifiques hésitent à envoyer une bombe atomique dans l'espace pour dévier la trajectoire d'un astéroïde parce que c'est très dangereux.

Expansion

1. Avec un ou une partenaire :

   a) cherchez sur Internet des informations qui expliquent la différence entre un météorite, un astéroïde et une comète.

   b) choisissez un continent et cherchez sur Internet des informations sur des collisions avec des corps célestes sur ce continent.

   c) à l'aide d'une carte, présentez à la classe une liste des endroits où les corps célestes ont créé une formation.

2. Chaque année, des milliards de dollars sont consacrés à la recherche spatiale. Es-tu pour ou contre cette recherche? Par écrit, explique pourquoi. Présente tes arguments à la classe.

Les rêves de Chloé

- Pourquoi penses-tu qu'on fait des rêves?
- Te rappelles-tu bien les rêves que tu fais pendant la nuit? Les racontes-tu à ta famille ou à tes amis? Pourquoi?
- Penses-tu que les rêves peuvent prédire l'avenir? Pourquoi ou pourquoi pas?

Chaque nuit, Chloé fait des rêves. La semaine dernière, par exemple, elle a rêvé qu'elle flottait sur l'eau. Tout à coup, elle a entendu des bruits de voix. En nageant vers la plage, elle a vu beaucoup de gens bronzés. Elle s'est dirigée vers un marché public où les vendeurs criaient dans une langue inconnue. Chloé a soudain remarqué sa tante Laura. Chloé a crié «Tante Laura!» mais le bruit du vent était trop fort. C'est alors que Chloé s'est réveillée. Au déjeuner, le père de Chloé lui a annoncé que sa tante partait travailler au Brésil pendant six mois.

Une autre nuit, Chloé a rêvé que son professeur de français vivait chez elle. Dans son rêve, M. Dupont était devenu son oncle. Le lendemain, en revenant de l'école, elle a vu le professeur sortir d'une maison près de chez elle. M. Dupont était son voisin!

— M. Dupont habite dans notre quartier! a-t-elle dit à sa mère en rentrant à la maison.

— Eh bien! Tant mieux! Il pourrait nous rendre visite et devenir un ami de la famille! a répondu sa mère.

Chloé l'a regardée avec surprise, parce que son rêve lui était revenu à l'esprit.

Chloé commençait à penser que ses rêves étaient prémonitoires, c'est-à-dire qu'ils lui permettaient de connaître l'avenir. Au moins en partie. «Et qui sait, si je maîtrisais mes rêves, peut-être que je maîtriserais l'avenir! Ce serait extraordinaire de provoquer les événements!» se disait-elle.

Chloé a donc décidé d'essayer très fort de rêver qu'elle gagnait un million à la loterie. «Si je gagnais le gros lot, mes parents pourraient cesser de travailler comme des fous. Le repos dont ils ont tant besoin, je pourrais le leur offrir. On pourrait partir en vacances et s'amuser tout l'été.» Chloé s'est donc acheté un billet de loto et l'a caché sous son oreiller avant de s'endormir. «Il faut absolument que je réussisse à faire ce rêve!» s'est-elle dit.

Mais au lieu de rêver qu'elle gagnait un million, Chloé a rêvé que sa meilleure amie, Sophie, avait un bébé. «Pauvre Sophie!» a-t-elle crié au réveil. «Elle serait obligée d'abandonner ses études. Si elle était enceinte, elle ne pourrait pas devenir vétérinaire! Je dois lui en parler le plus tôt possible.»

Ce matin-là, à l'école, Sophie avait une grande nouvelle à lui annoncer : sa famille venait d'adopter un chat.

— Avec ce chat à la maison, je me sens un peu comme une maman, a ajouté Sophie.

Chloé s'est mise à rire sans arrêt pendant que Sophie lui demandait ce qui lui prenait. Après au moins dix minutes, Chloé a réussi à tout expliquer.

— Quel soulagement! a-t-elle dit.

Chloé s'est aperçue qu'il était nécessaire de faire attention à sa façon d'interpréter les rêves. «Je dois me rappeler qu'ils ne sont pas exactement comme la réalité.»

La nuit suivante, Chloé a fait un rêve inquiétant. Son petit ami, Félix, sautait d'un bâtiment à l'autre en riant. Soudain, il a perdu pied et il est tombé. Avant qu'il touche le sol, Chloé s'est réveillée brusquement, couverte de sueur. «Il n'y a pas plusieurs façons d'interpréter ce rêve-là! Je dois protéger Félix. Il faut que je trouve une manière d'éviter un accident!»

Le lendemain matin, Félix est venu à sa rencontre, à l'école.

— Salut, Chloé!

— Félix! Comment vas-tu? lui a-t-elle dit, inquiète.

— Très bien. Pourquoi me regardes-tu comme ça?

— Oh, pour rien. Tu es un peu pâle.

— Je me sens très bien, et en pleine forme pour la randonnée pédestre de demain!

— La randonnée pédestre! J'avais complètement oublié… Félix, sais-tu… Je crois que ce n'est pas une bonne idée.

— Mais c'est toi qui me l'as suggérée!

— Je sais, mais je crois que quelque chose pourrait arriver…

— Quoi?

— Je ne sais pas. Cela me semble dangereux.

— Dangereux? Voyons donc! C'est juste une promenade à pied!

— Oui, mais c'est en montagne! On ne sait jamais…

— Chloé, tu es vraiment bizarre aujourd'hui!

Le samedi matin, Chloé suivait Félix dans l'autobus. Elle s'est assise à côté de lui, décidée à le protéger de tous les dangers. Au bout d'une heure, le groupe montait en pente raide. Chloé grimpait derrière Félix pour le surveiller de près. Tout à coup, un autre garçon qui marchait devant Félix a glissé et est tombé à côté d'un arbre.

C'était le signal que Chloé attendait. Aussitôt, elle s'est transformée en *Superwoman* pour sauver Félix. Elle a sauté en l'air, mais elle a atterri sur l'estomac de son ami!

Félix a crié, exactement comme dans le rêve. Chloé s'est aperçue qu'elle venait de faire mal à son ami. Félix était blessé au dos. Elle voulait à tout prix éviter le malheur, mais elle l'avait provoqué!

Son ami a dû rester au lit pendant deux jours. Pleine de remords, Chloé est entrée dans sa chambre avec une grosse boîte de chocolats.

— Ah! Tout le mal que je t'ai causé! J'espère que tu m'excuseras. Moi, je ne me le pardonne pas.

— Ne t'en fais pas, Chloé! Je t'ai pardonné depuis longtemps. En fait, je ne sais toujours pas pourquoi tu as sauté sur moi, mais c'est un mystère qui fait partie de ton charme!

Chloé lui a souri, décidée à garder son secret pour elle.

1. Corrige l'information fausse dans chaque phrase.
   a) La tante de Chloé, Laura, avait l'intention de déménager en Australie.
   b) M. Dupont était l'oncle de Chloé.
   c) Chloé pense que ses émotions sont prémonitoires.
   d) Le billet de loto que Chloé a acheté lui a fait gagner un million.
   e) La famille de Sophie a adopté un bébé.
   f) Les rêves de Chloé sont exactement comme la réalité.
   g) Chloé pensait que le match de baseball à l'école n'était pas une bonne idée.
   h) Pendant la randonnée, Félix a dansé.
   i) Chloé a sauté sur Félix parce qu'elle voulait se transformer en *Superwoman*.
   j) Chloé a apporté des fleurs à Félix parce qu'elle était désolée.
2. À ton avis, pourquoi est-ce que Chloé n'a pas partagé son secret avec Félix?

Expansion

1. Raconte à un ou une partenaire un rêve intéressant que tu as fait. Puis, demande-lui d'essayer d'interpréter ton rêve. Changez de rôle et répétez l'exercice.
2. Par écrit, explique les autres moyens qu'il y a de prédire l'avenir.

De la bonne cuisine...
au pôle Nord?

Avant de lire

• Qu'est-ce que tu préfères manger? Qu'est-ce que tu détestes manger?
• Quels aliments sont difficiles à trouver au pôle Nord?

Si je partais en expédition au pôle Nord pour six mois, j'emmènerais d'abord ma meilleure amie Brokke et ma chatte Pokey. L'essentiel serait d'avoir des nouilles chinoises parce que c'est mon mets favori. J'emporterais aussi du lait au chocolat.

— Alysha, 15 ans

Si je partais en expédition au pôle Nord pour six mois, j'emporterais avec moi des spaghetti O's parce qu'ils sont délicieux. J'emporterais aussi du chocolat chaud pour me réchauffer parce qu'au pôle Nord il fait très froid. Je n'oublierais pas d'emporter de bonnes frites. Enfin, j'emporterais avec moi mon ours en peluche pour me tenir compagnie et faire fuir les ours blancs.

— Jaime, 15 ans

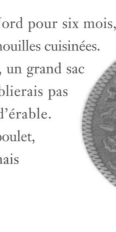

Si je partais en expédition au pôle Nord pour six mois,
j'emporterais avec moi des paquets de nouilles cuisinées.
Je prendrais aussi beaucoup de pizzas, un grand sac
de caramels et du coca cola. Je n'oublierais pas
d'emporter des gaufres et du sirop d'érable.
Enfin, j'emporterais des languettes de poulet,
des ananas, de la gomme à mâcher mais
surtout pas de légumes!
— Stephen, 14 ans

Si je partais en expédition au pôle Nord pour six mois, j'emporterais
avec moi du soda pour faire des icebergs avec la belle neige blanche
du Nord. J'emporterais aussi des fruits et des légumes parce qu'il
sont sains. Je prendrais aussi du thé pour me réchauffer. Et enfin,
je n'oublierais pas mes lunettes de soleil pour me protéger les yeux.
— Heather, 15 ans

As-tu compris?

Dans quelle catégorie se situe chacun des aliments mentionnés
par ces jeunes (fruits, légumes, viande, pâtes, desserts, boissons,
etc.)?

Expansion

Si tu partais en expédition au pôle Nord pour six mois, quels
aliments est-ce que tu emporterais avec toi? Est-ce que tu
emporterais autre chose? Qui d'autre est-ce que tu emmènerais?
Dresse une liste avec ton ou ta partenaire. Laissez aller votre
imagination. Présentez et expliquez vos choix à la classe.

Le tsar Dimitri

Adaptation du conte d'Alexandre Pouchkine
(Le tsar Clairsoleil et son fils)

Il y a longtemps, dans une petite maison, vivaient trois sœurs. Toutes très jolies, elles étaient courageuses et travaillaient du matin au soir.

Un soir, Iréna, l'aînée, s'est exclamée : «Quel bel homme que le tsar Dimitri! On dit qu'il cherche une épouse, gracieuse et travailleuse. S'il me choisissait, je cuisinerais moi-même notre banquet de mariage et j'y inviterais tout le monde.»

— Moi, a continué Natasha, je fabriquerais une toile très fine et j'offrirais des draps au peuple tout entier.

— Moi, a dit Tanya, la plus jeune, s'il m'épousait, je lui donnerais un beau fils en santé.

Le puissant tsar Dimitri, qui passait par là, avait entendu la conversation. Sans hésiter, il est entré dans la maison.

— C'est toi que je veux pour épouse, dit-il en tendant les bras vers Tanya. «Quant à vous, les sœurs, vos vœux sont accordés. Toi, tu pourras préparer tous mes banquets, et toi, tisser des toiles toute la journée.»

Après le mariage, les trois sœurs sont allées vivre au palais. Iréna préparait des mets délicieux et Natasha tissait des toiles d'une grande finesse, pendant que Tanya, devenue tsarine, attendait un enfant. Cependant, après une attaque des ennemis, le souverain a dû se séparer de sa tendre épouse pour aller défendre son pays. Le jour est venu où la tsarine a donné naissance à un beau garçon en pleine santé. Aussitôt, elle a écrit une lettre à son époux pour lui apprendre la bonne nouvelle. Toutefois, la naissance de cet enfant ne rendait pas tout le monde heureux. En effet, les deux sœurs, devenues jalouses du bonheur de Tanya, ont décidé de se venger.

— On ne peut pas supporter le bonheur de Tanya! C'est injuste! Nous allons faire boire le messager et, quand il sera ivre, nous échangerons la lettre de la tsarine contre une autre, a dit Iréna à Natasha.

Par conséquent, c'est le message des deux sœurs que le tsar a lu : «Grand tsar, hier, ton épouse t'a donné un enfant. Mais il est difficile de savoir si c'est un fils ou une fille. C'est un monstre mi-grenouille mi-souris. Nous ferons ce que tu nous ordonneras.» Le souverain était rempli de chagrin. «Il faut que j'aie le temps de

- Quel conte de fée est-ce que tu aimes le plus, *La Belle et la Bête, Le Petit Chaperon rouge, Cendrillon* ou *Blanche-Neige et les sept nains*? Pourquoi?
- Quels sont les éléments d'un conte de fée traditionnel?
- Dans les contes de fée, l'impossible est possible. Donne des exemples de ce fait.

réfléchir avant de prendre une décision», s'est-il dit. Après s'être calmé les esprits, il a envoyé une lettre à ses conseillers. «Je verrai moi-même ce qu'il faut faire de l'enfant quand je reviendrai de la guerre.» À cheval, le messager a parcouru les plaines le plus rapidement possible pour livrer le précieux message du tsar. À son arrivée, Iréna et Natasha l'ont accueilli en lui offrant du vin. Il a bu tant et tant qu'il ne s'est pas rendu compte qu'on remplaçait le message par un autre.

C'est une lettre bien triste que les conseillers ont lue. «Moi, Dimitri, je vous fais part de ma volonté : il faut que l'enfant et sa mère soient jetés dans l'océan immédiatement! C'est un ordre!» Les conseillers étaient horrifiés, mais la volonté du tsar était sacrée. Sans explications, la mère et son enfant ont été enfermés dans un tonneau. Les conseillers l'ont fait jeter à la mer. Le tonneau a flotté pendant des jours et des jours. La jeune femme serrait son enfant contre elle, et ses larmes coulaient sur le visage de l'enfant. Comme elles étaient chaudes, et pleines d'amour, elles l'ont fait grandir très vite jusqu'à ce qu'il devienne un jeune homme beau et fort. Lorsque le tonneau a roulé sur une plage, le jeune tsar l'a fait éclater en mille morceaux.

Après un si long voyage, ils étaient affamés. Il fallait trouver quelque chose à manger. Le jeune tsar s'est donc construit un arc et une flèche, puis est parti à la chasse. Tout à coup, il a entendu des cris perçants venant de la mer. C'étaient ceux d'un beau cygne blanc menacé par un aigle féroce.

Pris de pitié, le jeune homme a pris son arc et a lancé une flèche. L'aigle, touché en plein cœur, est tombé dans la mer. Le jeune tsar a soupiré, car il venait de perdre son unique flèche.

— Ne regrette rien, lui dit alors le cygne. «Je te remercie de m'avoir sauvé la vie. Tu seras récompensé. Bientôt, tous tes soucis prendront fin.» Puis, l'oiseau s'est envolé vers l'horizon, en battant lourdement des ailes.

Le lendemain matin, au réveil, le jeune tsar a vu une chose incroyable : une ville fabuleuse, avec des coupoles dorées et des tours blanches, s'élevait devant lui. Émerveillé, il a réveillé sa mère.

— Mère, entrons dans cette ville! Les gens nous donneront sûrement à manger.

Dès que la tsarine et son fils sont entrés dans la ville, les cloches se sont mises à sonner. Un patriarche qui les attendait a déposé sur la tête du jeune tsar une couronne d'or et de pierres précieuses. Il lui a ensuite donné sa bénédiction et l'a invité à s'asseoir sur un trône. Et c'est ainsi, comme dans un rêve, que le jeune homme est devenu le maître de la ville et qu'il a reçu le nom de Zoran.

Au même moment, un grand voilier apparaissait à l'horizon. Les marins à bord n'en croyaient pas leurs yeux.

— Nous sommes-nous trompés de chemin? a demandé l'un deux. «Cette île a toujours été déserte! Regardez cette ville, ce palais aux coupoles dorées! Il faut que je sache qui est le maître de cette belle ville mystérieuse. Mettez le cap sur l'île!» Lorsque les matelots et le capitaine ont débarqué du vaisseau, des messagers sont venus leur annoncer que le puissant seigneur Zoran les attendait.

Le jeune tsar leur a posé mille questions.

— Nous avons navigué tout autour de la Terre, ont répondu les marins. «Nous avons acheté des cadeaux précieux de tous les pays. Maintenant, nous prions pour que le vent fasse gonfler nos voiles pour arriver bientôt dans l'empire du grand tsar Dimitri.»

Zoran a soupiré.

— Bon vent, courageux marins! a-t-il dit enfin. «Transmettez au tsar Dimitri les salutations cordiales du seigneur Zoran.»

En voyant le navire disparaître au loin, le jeune homme a senti des larmes lui monter aux yeux. C'est alors que le cygne est apparu devant lui.

— Pourquoi es-tu si triste? lui demanda-t-il.

— Ce vaisseau se rend jusqu'au pays de mon père. J'aimerais tant le revoir!

— Ne désespère pas, jeune tsar. Si tu le veux, je te transformerai en moustique. Tu pourras te cacher dans le vaisseau et retourner voir ton père.

Quelques jours plus tard, les marins se sont rendus au palais de Dimitri. Le tsar paraissait bien triste, entouré des sœurs de Tanya.

— D'où venez-vous? a demandé le souverain avec gentillesse. «Quels pays avez-vous visités?» Les marins lui ont raconté leur voyage et la chose la plus étrange qui leur soit arrivée.

— Sur une petite île déserte se trouve maintenant une ville magnifique, avec un palais aux tours blanches et aux coupoles dorées. Le seigneur Zoran règne sur cette île, en compagnie de sa mère. Il vous envoie ses salutations cordiales et vous invite à lui rendre visite. Une lueur a traversé les yeux du souverain.

— Il faut que j'aille voir de mes propres yeux le seigneur Zoran et son pays mystérieux. Peut-être qu'un voyage me ferait oublier ma tristesse. Trouvez-moi un navire! s'écria Dimitri.

Les deux méchantes sœurs, saisies par un mauvais pressentiment, lui ont déconseillé d'entreprendre ce voyage. Rien à faire, Dimitri avait pris sa décision.

À ce moment, Zoran a remarqué qu'il y avait quelque chose de bizarre dans le comportement de ses tantes.

Quelques semaines plus tard, Zoran a aperçu au loin une flotte de bateaux qui s'approchait. Au milieu d'eux se trouvait un magnifique vaisseau. Zoran a regardé le vaisseau avec son télescope.

— Ma chère mère! s'est écrié Zoran, le cœur rempli de joie. «Regardez! Est-ce que ce n'est pas mon père, cet homme à côté du capitaine? Est-ce le grand tsar Dimitri, votre époux bien-aimé?» Les cloches se sont mises à sonner, puis la foule s'est rassemblée au port pour acclamer le souverain. Lorsque le grand tsar a mis les pieds sur la terre ferme, Zoran l'a accueilli avec chaleur.

— C'est un grand honneur pour nous de vous recevoir, tsar Dimitri! Permettez-moi de vous inviter au palais.

Tout à coup, en voyant les deux méchantes sœurs qui suivaient le tsar en tremblant, le jeune homme a éclaté de rire car il a compris ce qu'elles avaient fait.

Dans la grande salle du palais, Tanya, la mère de Zoran, émue, s'est approchée du souverain. En la voyant, il est devenu soudain très pâle.

— Est-ce que je rêve? Tanya, c'est bien toi? Ma femme bien-aimée? Et Zoran, ce beau et fier garçon, est-il notre fils? Je vous ai cherchés partout dans le monde! Je n'ai pas pu vous trouver, mais je n'ai pas perdu l'espoir de vous revoir!

En regardant Tanya et Zoran, il a découvert soudain le bonheur qui lui avait manqué pendant si longtemps! Ému jusqu'aux larmes, il a serré contre son cœur sa femme et son fils. Quant aux sœurs, elles se sont vite sauvées dans la forêt.

— Que le diable les emporte! a dit le tsar.

Le festin qui a suivi a été joyeux. Le tsar a dansé toute la nuit avec sa femme.

1. Pourquoi le tsar a-t-il choisi Tanya comme épouse?
2. Quelles étaient les responsabilités ménagères des deux sœurs après le mariage?
3. Pourquoi Natasha et Iréna ont-elles échangé la lettre de Tanya après la naissance de son fils?
4. Comment ont-elles changé la réponse de Dimitri?
5. Quelle est la fin heureuse de ce conte?

Expansion

1. Imagine que tu es Iréna ou Natasha. Prépare et raconte à la classe ta version du conte de fée.
2. Écris un court résumé et dessine une couverture pour le conte de fée.
3. Avec un ou une partenaire, faites une liste des qualités et des valeurs encouragées dans ce conte de fée.

Grammaire et structures langagières

Les noms

Les noms sont des mots qui désignent des personnes, des pays, des lieux géographiques, des animaux, des objets, des idées.

Exemples :

Charles, le Canada, Ottawa, Fido, un livre, un arc-en-ciel, une idée

Les noms sont divisés en deux catégories principales :

- **les noms propres :** les prénoms et les noms de famille, les noms de pays, de nationalités, de lieux géographiques, d'animaux
  Exemples : Amanda, la France, les Canadiens, les montagnes Rocheuses, Winnipeg, Minette
- **les noms communs :** les noms de personnes, d'animaux, d'objets, de concepts
  Exemples : un enfant, un cheval, un casse-croûte, une idée, de la neige, une ville

Les pronoms

Le pronom remplace **un nom** ou **un groupe de mots** dans une phrase.

A. Le pronom personnel complément d'objet direct

Le pronom personnel complément d'objet **direct** remplace le complément d'objet direct du verbe. Le complément d'objet direct peut remplacer une personne ou une chose.

Pour identifier l'objet direct, on pose la question «**Qui?**» ou «**Quoi?**»

Exemple :

Mei-Lin regarde Sandro.
   sujet   objet direct

Mei-Lin regarde **qui?** → Elle regarde Sandro.

Mei-Lin **le** regarde.

Le chat cherche les jouets en peluche.
sujet   objet direct

Le chat cherche **quoi?** → Il cherche les jouets en peluche.

Le chat **les** cherche.

■ **Le pronom d'objet direct est placé avant le verbe ou l'auxiliaire, sauf quand le verbe est à l'impératif.**

■ **Les pronoms personnels compléments d'objet direct :**

personne	singulier	pluriel
1ère	me	nous
2e	te	vous
3e	se, le, la, l'	se, les

Exemples :

Elle ne **me** regarde pas.	→ Elle ne regarde pas qui?	→ moi	→ **me**
Je **t'**ai accompagné.	→ J'ai accompagné qui?	→ toi	→ **t'**
Il ne **la** reconnaîtra pas.	→ Il ne reconnaîtra pas qui?	→ elle	→ **la**
Tu **le** verras.	→ Tu verras qui?	→ lui	→ **le**
Il **se** lavait.	→ Il lavait qui?	→ lui-même	→ **se**
Il **nous** a rencontrés.	→ Il a rencontré qui?	→ nous	→ **nous**
Je ne **vous** ai pas invités.	→ Je n'ai pas invité qui?	→ vous	→ **vous**
Nous **les** avons vus.	→ Nous avons vu qui?	→ eux	→ **les**
Elles **se** parfumaient.	→ Elles parfumaient qui?	→ elles-mêmes	→ **se**

B. Le pronom personnel complément d'objet indirect

Le pronom personnel complément d'objet **indirect** remplace le complément d'objet indirect du verbe. Pour identifier l'objet indirect, on pose la question «**À qui?**». Le pronom personnel complément d'objet indirect remplace toujours une personne.

Exemple :

Pamela parle à Audrey.
sujet   objet indirect

Pamela parle **à qui?** → Elle parle à Audrey.

Pamela **lui** parle.

■ **Le pronom d'objet indirect est placé avant le verbe ou l'auxiliaire, sauf quand le verbe est à l'impératif.**

■ **Les pronoms personnels compléments d'objet indirect :**

personne	singulier	pluriel
1ère	me	nous
2e	te	vous
3e	se, lui	se, leur

Exemples :

On **m'**a donné un cadeau.	→ On a donné un cadeau à qui?	→ à moi	→ **m'**
Je ne pourrai pas **te** parler.	→ Je ne pourrai pas parler à qui?	→ à toi	→ **te**
Il ne **se** pardonne pas.	→ Il ne pardonne pas à qui?	→ à lui-même	→ **se**
Nous **lui** avons obéi.	→ Nous avons obéi à qui?	→ à lui ou à elle	→ **lui**
Tu ne peux pas **nous** mentir. *	→ Tu ne peux pas mentir à qui?	→ à nous	→ **nous**
Ils ne veulent pas **vous** écrire. *	→ Ils ne veulent pas écrire à qui?	→ à vous	→ **vous**
Je vais **leur** téléphoner. *	→ Je vais téléphoner à qui?	→ à eux ou à elles	→ **leur**

* En général, quand il y a un infinitif dans la phrase, on place le pronom d'objet indirect devant l'infinitif.

C. La place des pronoms compléments d'objet direct et indirect dans une phrase

Quand il y a un pronom complément d'objet direct **et** un pronom complément d'objet indirect dans la même phrase, il faut suivre un ordre dans la phrase.

Le pronom **complément d'objet indirect est généralement placé en premier**, avant le verbe, mais pas toujours.

- Les pronoms d'objet indirect de la 1ère et de la 2e personne sont placés en premier.

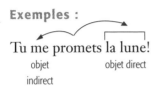

Tu me promets la lune!
objet   objet direct
indirect

Tu me promets **quoi?** → Tu me promets la lune! → **la**

Tu la promets **à qui?** → Tu la promets à moi → **me**

Tu **me la** promets.

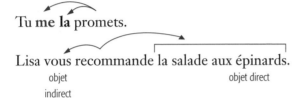

Lisa vous recommande la salade aux épinards.
objet   objet direct
indirect

Lisa recommande **quoi?** → Lisa recommande la salade aux épinards → **la**

Lisa recommande **à qui?** → Lisa la recommande à vous → **vous**

Lisa **vous la** recommande.

La directrice ne nous a pas donné le ballon.
objet   objet direct
indirect

Elle n'a pas donné **quoi?** → Elle n'a pas donné le ballon → **le**

Elle ne l'a pas donné **à qui?** → Elle ne l'a pas donné à nous → **nous**

La directrice ne **nous l'**a pas donné.

- Quand le pronom d'objet indirect est à la 3e personne, il est placé après le pronom d'objet direct.

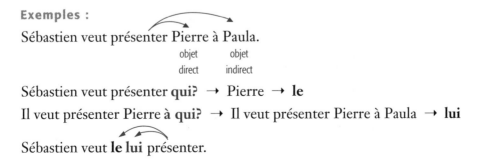

Sébastien veut présenter Pierre à Paula.
objet   objet
direct   indirect

Sébastien veut présenter **qui?** → Pierre → **le**

Il veut présenter Pierre **à qui?** → Il veut présenter Pierre à Paula → **lui**

Sébastien veut **le lui** présenter.

Samantha donne le jeu aux enfants.

$\qquad$ objet   objet

$\qquad$ direct   indirect

Samantha donne **quoi?** → Samantha donne le jeu. → **le**

Samantha donne le jeu **à qui?** → Samantha le donne aux enfants → **leur**

Samantha **le leur** donne.

Les électeurs n'ont pas pardonné les erreurs aux politiciens.

$\qquad$ objet   objet

$\qquad$ direct   indirect

Ils n'ont pas pardonné **quoi?** → Ils n'ont pas pardonné les erreurs. → **les**

Ils n'ont pas pardonné **à qui?** → Ils n'ont pas pardonné aux politiciens. → **leur**

Les électeurs ne **les leur** ont pas pardonnées.

- **L'ordre des pronoms** placés avant le verbe ou l'auxiliaire (sauf à l'impératif)

me	le	lui	y	en
te	la	leur		
se	l'			
nous	les			
vous				
se				

D. La place des pronoms personnels d'objet avec le verbe à l'impératif

1. Avec un verbe à l'impératif à la forme positive

- Quand le verbe est à l'impératif à la forme positive, les pronoms personnels d'objet direct et indirect sont placés **après** le verbe.

  Ils sont **liés au verbe** par un **trait d'union**.

  Exemples :

  Écoute le professeur! → Écoute-**le**!

  $\qquad$ objet direct

  Regarde la belle voiture. → Regarde-**la**.

  $\qquad$ objet direct

  Faites vos devoirs! → Faites-**les**!

  $\qquad$ objet direct

- Avec un verbe à l'impératif à la forme positive, les **pronoms de la 1ère et de la 2e personne du singulier** changent. Ils deviennent «**moi**» et «**toi**» (au lieu de «me» et «te»)

  Exemples :

  Crois-**moi**.
  objet direct

  Regarde-**toi** dans le miroir.
  objet direct

- Quand le verbe **à l'impératif à la forme positive a deux pronoms compléments**, les deux pronoms sont liés au verbe par un trait d'union, et **le pronom complément d'objet direct est toujours placé en premier**.

  Exemples :

  Donne la tasse bleue à Marie-Anne. → Donne-**la-lui**.
  objet direct   objet indirect

  Raconte ton voyage aux enfants. → Raconte-**le-leur**.
  objet direct   objet indirect

  Explique la situation à Robert. → Explique-**la-lui**.
  objet direct   objet indirect

  Rendez-nous nos résultats du test. → Rendez-**les-nous**.
  objet indirect   objet direct

  Envoyez-moi les photos. → Envoyez-**les-moi**.
  objet indirect   objet direct

- L'ordre des pronoms avec un verbe **à l'impératif à la forme positive** :

le	moi	y	en
la	toi		
les	lui		
	nous		
	vous		
	leur		

2. Avec un verbe à l'impératif à la forme négative

- Avec un verbe à l'impératif à la forme négative, les pronoms compléments sont placés **avant** le verbe, **sans** trait d'union.

Ne mange pas ce chocolat! → Ne **le** mange pas!
objet direct

Ne faites pas cette erreur! → Ne **la** faites pas.
objet direct

Ne donnons pas les bagages au chauffeur! → Ne **les lui** donnons pas.
objet direct   objet indirect

Ne servez pas le dessert aux invités. → Ne **le leur** servez pas.
objet direct   objet indirect

Ne me répète pas cette histoire. → Ne **me la** répète pas.
objet   objet direct
indirect

Ne nous racontez pas vos problèmes. → Ne **nous les** racontez pas.
objet   objet direct
indirect

- L'ordre des pronoms **avec un verbe à l'impératif à la forme négative** :

me	le	lui	y	en
te	la	leur		
nous	les			
vous				

E. Les pronoms relatifs

Le pronom relatif remplace un nom masculin ou féminin, singulier ou pluriel déjà mentionné. On l'appelle le pronom «relatif» parce qu'il établit **une relation** entre deux phrases pour en créer une seule.

1. Le pronom «qui»

Le pronom «qui» est le **sujet** du verbe qui le suit.

J'habite à côté d'un **hôpital**. Cet **hôpital** est bien connu.

J'habite à côté d'un hôpital **qui** est bien connu.
↓   ↓
pronom relatif sujet du verbe   verbe

ressemble à ton frère.

Le garçon ↗
↘
a les cheveux courts.

Le garçon **qui** a les cheveux courts ressemble à ton frère.
↓   ↓
pronom relatif   verbe
sujet du verbe

sont vraiment bizarres.

Les personnages ↗
↘
sont dans cette histoire.

Les personnages **qui** sont dans cette histoire sont vraiment bizarres.
↓   ↓
pronom relatif   verbe
sujet du verbe

sont trop gros!

Le chat et le chien ↗
↘
appartiennent à cette famille.

Le chat et le chien **qui** appartiennent à cette famille sont trop gros!
↓   ↓
pronom relatif   verbe
sujet du verbe

- **Les phrases avec «ce qui»**

  Le pronom «**ce**» remplace une idée, une chose ou une autre phrase. Avec le pronom relatif «**qui**», c'est le sujet du verbe qu'il introduit.

  Exemples :

  Ce qui est important, c'est d'aimer ton travail.

  C'est **ce qui** nous encourage à travailler.

  Choisis **ce qui** t'intéresse.

  Parle-moi de **ce qui** te fait plaisir.

  Ce qui est sur la table appartient à Martine.

2. Le pronom «que»

Le pronom «que» est le **complément d'objet direct** du verbe qui le suit.

Exemples :

Les élèves **que** j'ai rencontrés vont à l'école française.

        pronom objet
        relatif   direct

Le film **que** j'ai vu était passionnant.

      pronom objet
      relatif   direct

C'est Martine **que** Hugo préfère.

        pronom objet
        relatif   direct

Tu devrais lire les livres **que** ta professeure recommande.

          pronom objet
          relatif   direct

- **Les phrases avec «ce que»**

  Le pronom **«ce»** remplace une idée, une chose ou une autre phrase. Avec le pronom relatif **«que»**, c'est le complément d'objet direct du verbe qui le suit.

  Exemples :

  Ce que tu as raconté aux enfants leur a fait peur.

  Faites **ce qu'**il faut pour partir à l'heure!

  Ils ne font pas **ce que** je leur ai recommandé.

  Ce n'est pas **ce que** tu dis qui compte, c'est **ce que** tu fais.

  Dites-moi **ce que** vous avez pensé du film.

3. Le pronom «dont»

Le pronom relatif **«dont»** remplace un nom introduit par la préposition **«de»**. On utilise le pronom relatif «dont» pour **établir une relation** avec le verbe qui le suit.

Exemples :

Il faut rénover la **maison**. Jacques est propriétaire **de** la **maison**.

Il faut rénover la maison **dont** Jacques est propriétaire.

pronom   remplace
relatif   «de» + nom

Nous étudions le **cas**. Vous nous avez parlé **du cas**.

Nous étudions le cas **dont** vous nous avez parlé.

pronom   remplace
relatif   «de» + nom

La **ville** est Montréal. Je parle **de la ville**.

La ville **dont** je parle est Montréal.

pronom   remplace
relatif   «de» + nom

Les **événements** sont tragiques. Il se souvient des **événements**.

Les événements **dont** il se souvient sont tragiques.

pronom   remplace
relatif   «de» + nom

- **Les phrases avec «ce dont»**

    Le pronom **«ce»** remplace une idée, une chose ou une autre phrase. On utilise le pronom relatif **«dont»** pour remplacer le nom ou un groupe de mots introduits par la préposition **«de»**.

    Exemples :

    Ce dont Jennifer est si fière est le résultat d'un travail très bien fait!

    Voilà **ce dont** j'ai besoin : du papier, de la colle, des crayons de couleur et des ciseaux.

    Je suis certaine de **ce dont** je t'ai parlé.

    Parle-moi de **ce dont** tu as peur.

    Ils peuvent vous dire **ce dont** ils se souviennent.

- **Quelques expressions avec «de» :**

    avoir besoin de

    avoir envie de

    avoir peur de

discuter de

être certain(e) de

être content(e) de

être fier (fière) de

parler de

penser de

se servir de

se souvenir de

F. Le pronom *en*

Le pronom «en» remplace un nom ou un groupe de mots introduits par «du», «de la», «de l'» ou «des».

- Le pronom «en» peut être l'objet direct d'un verbe.

    Exemples :

    Avez vous **du** pain? → Oui, nous **en** avons.

    OU   Non, nous n'**en** avons pas.

    Veux-tu **de la** salade? → Oui, merci, j'**en** veux.

    OU   Non, merci, je n'**en** veux pas.

    Met-il **de l'**ail sur la pizza? → Oui, il **en** met.

    OU   Non, il n'**en** met pas.

    Tu as acheté **des** pommes? → Oui, j'**en** ai acheté.

    OU   Non, je n'**en** ai pas acheté.

- Le pronom «en» remplace un nom ou un groupe de mots introduits par «un», «une», «du», «de la», «de l'» ou «des». On ajoute le **nombre** ou la **quantité** pour spécifier.

    Prends-tu **du** gâteau? → Oui, j'**en** prends **un peu**.

    OU   Oui, j'**en** prends **un petit morceau**.

    Avez-vous **de la** nourriture? → Oui, nous **en** avons **assez**.

    OU   Non, nous n'**en** avons pas **assez**.

    Voudriez-vous **des** petits pains? → Oui, nous **en** voudrions **six**.

    OU   Non, nous n'**en** voudrions pas.

Achetons **des** crevettes. → Achetons-**en deux douzaines**.

OU   N'**en** achetons pas.

Achète **huit** pâtisseries. → Achètes-**en huit**.

OU   N'**en** achète pas!

Ne fais pas **trop de** pain! → N'**en** fais pas **trop**!

OU   N'**en** fais pas **du tout**!

OU   Fais-**en**!

- Le pronom «**en**» peut remplacer une idée, un nom ou un groupe de mots introduits par la préposition «**de**»

  Exemples :

  Les élèves parlent **du** test. → Ils **en** parlent.

  OU   Ils n'**en** parlent pas.

  Je me souviens **de** mon voyage. → Je m'**en** souviens.

  OU   Je ne m'**en** souviens pas.

  Tom est certain **d'**avoir apporté ses clés. → Il **en** est certain.

  OU   Il n'**en** est pas certain.

  Nous avons discuté **des** événements de l'année dernière. → Nous **en** avons discuté.

  OU   Nous n'**en** avons pas discuté.

Les conjonctions et les prépositions

A. Les conjonctions

Les conjonctions **relient** deux mots ou deux groupes de mots. Elles relient aussi des sections de phrases.

Exemples :

Je resterai à l'hôtel **si** la tempête   «si» : une condition
m'empêche de partir.

J'ai fait un saut **quand** tu es entré dans   «quand» : le temps
mon bureau!

Informez votre professeur **lorsque** vous finirez votre projet.	«lorsque» : le temps
Appelez-moi **dès que** vous serez à la maison.	«dès que» ou «aussitôt que» : le temps
Ils sont partis à l'heure, **cependant** leur avion était en retard.	«cependant» : une restriction ou une opposition
Je ne veux pas sortir **car** j'ai un méchant rhume.	«car» : une cause ou une raison
Elle a voulu t'appeler, **mais** il était trop tard.	«mais» : une contradiction ou une opposition
Il ne répond pas au téléphone, **donc** il doit être occupé.	«donc» : une conséquence

- On peut trouver plusieurs conjonctions dans la même phrase.

    Exemple :

    Quand on se trouve devant ce paysage, on est étonné **et** ravi, **car** on s'attendait à une petite colline **mais** on découvre une montagne immense.

B. Les prépositions de lieu

Les prépositions de lieu servent à introduire des lieux tels que les villes, les provinces, les pays, les îles, les continents et d'autres régions géographiques.

1. La préposition «à»

On utilise la préposition «à» devant **les noms de villes, d'îles**, et de quelques **pays** et **provinces** qui sont des îles.

Exemples :
On va à Paris, à Tokyo, à Rome, à Hawaii, à Cuba, à Haïti, à Terre-Neuve, à l'Île du Prince-Édouard

2. La préposition «en»

On utilise la préposition «en» devant **les noms féminins** de pays, de régions ou de provinces, ou **les noms masculins** qui commencent par **une voyelle**.

Exemples :

On va **en** Colombie, **en** Équateur, **en** République Dominicaine, **en** Roumanie, **en** Égypte, **en** Alaska, **en** Saskatchewan, **en** Nouvelle-Écosse, **en** Ontario

3. La préposition «au»

On utilise la préposition «**au**» devant **les noms masculins** de pays, de régions ou de provinces, ou devant **les noms** qui commencent par **une consonne** ou **un** *h* **aspiré**.

Exemples :

On va **au** Mexique, **au** Honduras, **au** Luxembourg, **au** Portugal, **au** Nouveau-Brunswick, **au** Manitoba, **au** Québec

4. La préposition «aux»

On utilise la préposition «**aux**» devant **les noms pluriels** de pays ou de groupes d'îles.

Exemples :

On va **aux** États-Unis, **aux** Pays-Bas, **aux** Bahamas, **aux** Caraïbes, **aux** îles Galapagos

C. Les mots de liaison dans les phrases

Les mots de liaison introduisent une **nuance**, une **précision**, une **constatation** ou une **conséquence**. Ils servent à créer une liaison entre deux phrases.

Exemples :

J'aurais voulu être invitée au mariage de Jean. **Après tout**, je suis sa cousine.

Sylvie a eu d'excellentes notes. **En effet**, elle a eu beaucoup de succès dans ses études.

Sam a tout quitté pour aller vivre en Afrique avec Rachel. **Par conséquent**, sa famille ne l'a plus revu.

L'accord du participe passé des verbes avec l'auxiliaire *avoir* au passé composé

A. Les cas où le participe passé des verbes avec l'auxiliaire *avoir* ne s'accorde pas

Exemples :

j'ai regardé   nous avons mangé

tu as vu   vous avez bu

il a écouté   ils ont marché

elle a dansé   elles ont couru

on a fini

- Le participe passé des verbes qui prennent l'auxiliaire *avoir* ne change pas selon le sujet du verbe.

B. Les cas où le participe passé des verbes avec l'auxiliaire *avoir* s'accorde

- Quand le **complément d'objet direct** du verbe est placé **avant** le verbe, le **participe passé s'accorde avec l'objet direct**.
  ATTENTION! C'est **seulement** si l'objet direct est placé **avant** le verbe!

  Pour trouver le complément d'objet direct, on pose la question «**Qui?**» ou «**Quoi?**»

Exemples :

J'ai fini **la course**. → J'ai fini **quoi?** → la course. Je l'ai finie.

objet direct	participe
avant le verbe	passé accordé

Nous avons rencontré **les nouveaux élèves**. → Nous avons rencontré **qui?** → les nouveaux élèves.

Nous **les** avons rencontrés.

objet direct	participe
avant le verbe	passé accordé

Hannah et Matt mangent **la tarte que** maman a fait**e**.

objet direct   participe

avant le verbe   passé accordé

Les pommes que nous avons achet**ées** sont pourries!

objet direct   participe

avant le verbe   passé accordé

Les verbes pronominaux

A. Les verbes pronominaux réfléchis

- En général, le sujet d'un verbe pronominal réfléchi **fait** et **reçoit** l'action. C'est pourquoi on l'appelle un verbe pronominal **réfléchi**.

  On doit placer un pronom réfléchi devant le verbe : **me, te, se, nous, vous, se**

je **me** cache	je **me** couche
tu **t'**habilles	tu **te** rases
il **se** trompe	il **se** coiffe
elle **s'**endort	elle **se** maquille
on **se** lave	on **se** blesse
nous **nous** taisons	nous **nous** déshabillons
vous **vous** peignez	vous **vous** réveillez
ils **se** lèvent	ils **se** lavent
elles **se** brossent	elles **s'**amusent

- Parfois, l'action d'un verbe pronominal **n'est pas réfléchie** sur le sujet.

B. Les verbes pronominaux réciproques

Les verbes **réciproques** expriment une action **entre deux ou plusieurs personnes**.

Exemples :

Les élèves **s'**entraident.

Nous **nous** regardons.

Sandra et Robert **se** parlent.

Les champions d'échecs **s'**affrontent.

C. Les verbes pronominaux non-réfléchis

Le sujet d'un verbe non-réfléchi n'agit pas sur lui-même.

Exemples :

Je **m'**attaque à ce problème.

Tu **te** penches sur une situation difficile.

Paula **se** moque de ses amies.

Nos parents **se** doutent de quelque chose.

D. Les verbes pronominaux au passé composé

- **Tous** les verbes pronominaux prennent **l'auxiliaire** *être* au passé composé.

je **me** suis caché**(e)**	je **me** suis couché**(e)**
tu **t'**es habillé**(e)**	tu **t'**es rasé**(e)**
il **s'**est trompé	il **s'**est coiffé
elle **s'**est endormi**e**	elle **s'**est maquillé**e**
on **s'**est moqué des autres	on **s'**est lavé
nous **nous** sommes tu**(e)s**	nous **nous** sommes déshabillé**(e)s**
vous **vous** êtes plaint**(e)(s)**	vous **vous** êtes réveillé**(e)(s)**
ils **se** sont levé**s**	ils **se** sont lavé**s**
elles **se** sont brossé**es**	elles **se** sont amusé**es**

1. Le passé composé des verbes pronominaux réfléchis

- Le participe passé des verbes **pronominaux réfléchis** s'accorde toujours avec le sujet, parce que le sujet **reçoit** l'action du verbe.

Exemples :

Marina **s'**est levé**e**

Nathalie et Rhonda **se** sont blessé**es**.

Luc et Pedro **se** sont disputé**s**.

Les enfants **se** sont endormi**s**.

2. Le passé composé des verbes pronominaux réciproques et non-réfléchis

- Pour savoir si le participe passé d'un verbe réciproque ou d'un verbe non-réfléchi s'accorde avec le sujet, il faut trouver **l'objet direct** du verbe. Pour trouver l'objet direct du verbe, il faut poser la question : «**Qui?**» ou «**Quoi?**»

  ATTENTION! Si le verbe a un **complément d'objet direct placé avant le verbe**, le participe passé **s'accorde** avec le complément d'objet direct.

Exemples :

- **Les verbes pronominaux réciproques**

  Les amoureux **se** sont regardé**s** longtemps. → Ils ont regardé **qui?** → l'un et l'autre.

  L'objet direct se réfère au sujet, alors **le participe passé s'accorde.**

  Jean et Patrick **se** sont rencontré**s**. → Ils ont rencontré **qui?** → l'un et l'autre.

  L'objet direct se réfère au sujet, alors **le participe passé s'accorde.**

  Diane et Marie **se** sont parlé toute la nuit.

  Elles ont parlé **à qui?** → à l'une et à l'autre. (Le verbe *parler* n'a pas de complément direct.) Dans ce cas, le sujet est aussi un complément **d'objet indirect**. Il n'y a **pas d'objet direct**, alors **le participe passé ne s'accorde pas.**

  Elles **se** sont souri.

  Elles ont souri **à qui?** → à l'une et à l'autre. (Le verbe *sourire* n'a pas de complément d'objet direct.) Dans ce cas, le sujet est aussi un complément **d'objet indirect**. Il n'y a **pas d'objet direct**, alors **le participe passé ne s'accorde pas.**

  Elles **se** sont confié des secrets. → Elles ont confié **quoi?** → des secrets.

  L'objet direct est placé **après** le verbe; **le participe passé ne s'accorde pas.**

  Elles ont confié des secrets **à qui?** → À l'une et à l'autre. Dans ce cas-ci, le sujet est aussi un complément d'**objet indirect**.

MAIS :

Les secrets qu'elles se sont confié**s** sont très sérieux. → Elles ont confié **quoi?** → des secrets.

L'objet direct est placé **avant** le verbe; **le participe passé s'accorde** avec l'objet direct.

- **Les verbes pronominaux non-réfléchis**

  Elles **se** sont lavé les mains.

  Elles ont lavé **quoi?** → leurs mains.

  L'objet direct est placé **après** le verbe, alors **le participe passé ne s'accorde pas.**

  Martine **s'**est acheté des bijoux.

  Martine a acheté des bijoux **à qui?** → à elle-même. Dans ce cas, le sujet est aussi un complément d'**objet indirect**.

  Elle s'est acheté **quoi?** → des bijoux.

  L'objet direct est placé **après** le verbe, alors **le participe passé ne s'accorde pas.**

  MAIS :

  Les bijoux qu'elle **s'**est acheté**s** étaient très chers. → Elle a acheté **quoi?** → les bijoux.

  L'objet direct est placé **avant** le verbe; **le participe passé s'accorde** avec l'objet direct.

  Ils **se** sont posé des questions. → Ils ont posé **quoi?** → des questions.

  L'objet direct est placé **après** le verbe; **le participe passé ne s'accorde pas.**

  Ils ont posé des questions **à qui?** → À l'un et **à** l'autre. Dans ce cas, le sujet est aussi un complément d'**objet indirect**.

  MAIS :

  Les questions qu'ils **se** sont posé**es** sont intéressantes. → Ils ont posé **quoi?** → des questions.

  L'objet direct est placé **avant** le verbe; **le participe passé s'accorde** avec l'objet direct.

Les expressions impersonnelles

On utilise une **expression impersonnelle** pour exprimer une généralité ou un commentaire qui n'est pas dirigé à une personne en particulier.

- Les expressions impersonnelles commencent par le pronom **«il»**.
- La plupart des expressions impersonnelles sont suivies de la préposition **«de»** et d'un verbe à **l'infinitif**.

A. Les expressions impersonnelles à la forme positive

Exemples :

Il est important de se protéger contre les rayons du soleil.

Il est préférable de conduire prudemment.

Il est recommandé de rester calme dans les situations d'urgence.

Il est bien d'aider les autres.

Il suffit de suivre les règles du jeu.

- Certaines expressions impersonnelles ne requièrent pas la préposition «de».

Exemples :

Il faut faire son travail aussi bien qu'on le peut.

Il vaut mieux rester à la maison les jours de tempête.

B. Les expressions impersonnelles à la forme négative

- Pour mettre une expression impersonnelle **à la forme négative**, on ajoute **«ne pas» devant** le verbe à l'infinitif qui suit l'expression. C'est une règle générale; quand un **verbe à l'infinitif est à la forme négative**, «ne pas» est toujours placé **avant** le verbe.

Exemples :

Il est important de **ne pas** prendre de coup de soleil.

Il est préférable de **ne pas** conduire trop vite.

Il est recommandé de **ne pas** paniquer dans les situations d'urgence.

Il est bien de **ne pas** se moquer des autres.

Il suffit de **ne pas** tricher.

Il vaut mieux **ne pas** sortir les jours de tempête.

- **Exception** : Pour mettre l'expression impersonnelle «*Il faut* + verbe à l'infinitif» à la forme négative, on met «il faut» au négatif.

Exemples :

Il **ne faut pas** négliger de faire son travail.

Il **ne faut pas** tricher au jeu.

Il **ne faut pas** conduire trop vite.

Le mode conditionnel

A. La formation du conditionnel présent

1. Le conditionnel des verbes réguliers

- En général, on forme le **conditionnel présent** des verbes **réguliers** avec *l'infinitif du verbe + les terminaisons de l'imparfait.*
- Pour les verbes réguliers **en –*re***, on enlève le «*e*» du verbe à l'infinitif et on ajoute les terminaisons.

Exemples :

Verbes en –*er*	Verbes en –*ir*	Verbes en –*re*
j'aimer**ais**	je rougir**ais**	je vendr**ais**
tu écouter**ais**	tu partir**ais**	tu rendr**ais**
il quitter**ait**	il sortir**ait**	il prendr**ait**
elle parler**ait**	elle choisir**ait**	elle perdr**ait**
on jouer**ait**	on finir**ait**	on lir**ait**
nous étudier**ions**	nous nourrir**ions**	nous suivr**ions**
vous danser**iez**	vous bénir**iez**	vous rir**iez**
ils se laver**aient**	ils mûrir**aient**	ils écrir**aient**
elles déménager**aient**	elles pourrir**aient**	elles suivr**aient**

2. Le conditionnel de quelques verbes irréguliers

- Il faut apprendre le **radical** des verbes **irréguliers**. Ce radical est le **même que le radical des verbes au futur simple**. Pour former le conditionnel présent des verbes irréguliers, on ajoute les terminaisons au radical.

aller → j'*ir*ais, tu *ir*ais, il / elle / on *ir*ait,
nous *ir*ions, vous *ir*iez, ils / elles *ir*aient

avoir → j'*aur*ais, tu *aur*ais, il / elle / on *aur*ait,
nous *aur*ions, vous *aur*iez, ils / elles *aur*aient

devoir → je *devr*ais, tu *devr*ais, il / elle / on *devr*ait,
nous *devr*ions, vous *devr*iez, ils / elles *devr*aient

être → je *ser*ais, tu *ser*ais, il / elle / on *ser*ait,
nous *ser*ions, vous *ser*iez, ils / elles *ser*aient

faire → je *fer*ais, tu *fer*ais, il / elle / on *fer*ait,
nous *fer*ions, vous *fer*iez, ils / elles *fer*aient

pouvoir → je *pourr*ais, tu *pourr*ais, il / elle / on *pourr*ait,
nous *pourr*ions, vous *pourr*iez, ils / elles *pourr*aient

savoir → je *saur*ais, tu *saur*ais, il / elle / on *saur*ait,
nous *saur*ions, vous *saur*iez, ils / elles *saur*aient

venir → je *viendr*ais, tu *viendr*ais, il / elle / on *viendr*ait,
nous *viendr*ions, vous *viendr*iez, ils / elles *viendr*aient

vouloir → je *voudr*ais, tu *voudr*ais, il / elle / on *voudr*ait,
nous *voudr*ions, vous *voudr*iez, ils / elles *voudr*aient

B. Quand utiliser le conditionnel présent

1. Les phrases conditionnelles

On utilise le mode conditionnel pour exprimer une **possibilité, une supposition, une probabilité ou une hypothèse.**

Exemples :

Si je gagnais le gros lot, je le **partagerais** avec toi.

Si tu avais faim, tu **mangerais** avec appétit.

Laurent est parti de chez lui à midi. Il **devrait** arriver ici vers 13 heures.

Samantha est absente aujourd'hui. **Serait**-elle malade?

Le criminel **connaîtrait** des fonctions électroniques très sophistiquées.

2. Le mode conditionnel comme forme de politesse

On peut exprimer une **marque de politesse** en mettant un verbe au **mode conditionnel**.

Exemples :

Je **voudrais** un café, s'il vous plaît.

Pourrais-tu réviser mon travail?

Est-ce que vous **auriez** le temps de m'aider?

Arrêteriez-vous de faire du bruit, s'il vous plaît?

Pourriez-vous me donner mon manteau?

3. Le mode conditionnel pour exprimer un souhait

Exemples :

On **voudrait** faire du ski cet hiver.

J'**aimerais** aller dîner au restaurant.

Je **prendrais** bien un bon chocolat chaud!

Nous **pourrions** partir en vacances…

Ce **serait** super de gagner la loterie!

L'imparfait

A. La formation de l'imparfait

1. L'imparfait des verbes réguliers

- En général, on forme l'**imparfait** des verbes **réguliers** avec *le radical du verbe + les terminaisons de l'imparfait*.

- Pour trouver le radical des verbes :
  on conjugue le verbe au présent, à la 1ère personne du pluriel;
  on enlève la terminaison *«ons»*.

Exemples :

aimer → nous aim**ons** → *aim*

finir → nous finiss**ons** → *finiss*

vendre → nous vend**ons** → *vend*

Exemples :

Verbes en *–er*	Verbes en *–ir*	Verbes en *–re*
j'aim**ais**	je rougiss**ais**	je vend**ais**
tu écout**ais**	tu finiss**ais**	tu rend**ais**
il quitt**ait**	il choisiss**ait**	il prétend**ait**
elle parl**ait**	elle choisiss**ait**	elle perd**ait**
on jou**ait**	on finiss**ait**	on lis**ait**
nous étudi**ions**	nous nourriss**ions**	nous suiv**ions**
vous dans**iez**	vous béniss**iez**	vous ri**iez**
ils se lav**aient**	ils mûriss**aient**	ils cri**aient**
elles déménage**aient**	elles pourriss**aient**	elles suiv**aient**

2. L'imparfait de quelques verbes irréguliers

aller → j'*all*ais, tu *all*ais, il / elle / on *all*ait, nous *all*ions, vous *all*iez, ils / elles *all*aient

avoir → j'*av*ais, tu *av*ais, il / elle / on *av*ait, nous *av*ions, vous *av*iez, ils / elles *av*aient

devoir → je *dev*ais, tu *dev*ais, il / elle / on *dev*ait, nous *dev*ions, vous *dev*iez, ils / elles *dev*aient

être → j'*ét*ais, tu *ét*ais, il / elle / on *ét*ait, nous *ét*ions, vous *ét*iez, ils / elles *ét*aient

faire → je *fais*ais, tu *fais*ais, il / elle / on *fais*ait, nous *fais*ions, vous *fais*iez, ils / elles *fais*aient

pouvoir → je *pouv*ais, tu *pouv*ais, il / elle / on *pouv*ait, nous *pouv*ions, vous *pouv*iez, ils / elles *pouv*aient

savoir → je *sav*ais, tu *sav*ais, il / elle / on *sav*ait, nous *sav*ions, vous *sav*iez, ils / elles *sav*aient

venir → je *ven*ais, tu *ven*ais, il / elle / on *ven*ait, nous *ven*ions, vous *ven*iez, ils / elles *ven*aient vouloir → je *voul*ais, tu *voul*ais, il / elle / on *voul*ait,

nous *voul*ions, vous *voul*iez, ils / elles *voul*aient

B. Quand utiliser l'imparfait

1. On utilise l'imparfait pour parler d'une action répétitive ou d'un fait continu sur une période de temps indéterminée, dans le passé.

Exemples :

Quand ma grand-mère **était** jeune, elle **travaillait** dans un hôpital. Elle y **allait** en autobus.

J'**allais** à l'école, je **faisais** mes devoirs et après, je **jouais** avec mes amis. Je ne **regardais** pas la télévision.

Quand il **allait** à l'école élémentaire, Samuel **était** le plus petit de sa classe.

Véronique **avait** quinze ans quand elle a déménagé à Ottawa. Elle ne **parlait** pas l'anglais.

2. On utilise l'imparfait pour exprimer une situation ou un état dans le passé.

Exemples :

Sylvain et Camille **étaient** fatigués après la compétition d'athlétisme!

J'**avais** deux ans quand ma sœur est née.

Nous **étions** tristes de réaliser que nous ne **pouvions** pas prendre de vacances.

Tu **devais** finir ton devoir avant lundi.

C. L'imparfait et le passé composé

Si deux actions, deux événements ou deux états sont simultanés dans le passé, l'action, l'événement ou l'**état prolongé** ou l'action prolongée est à l'**imparfait**, et l'action ou l'événement qui cause l'**interruption** est au **passé composé**.

- **L'imparfait** exprime une action, un fait ou un **état continu** dans le passé.
- **Le passé composé** exprime un autre événement ou une autre action qui se surimpose à la première ou qui l'interrompt.

```
████████████████████████  █  ██████████████████████████  ← imparfait
                                      ← passé composé
```

Exemples :

Il **faisait** beau quand mon amie **est venue** me rendre visite.
   état prolongé   interruption

Nous **étions** en train de dormir lorsque des inconnus **sont entrés** dans la maison.
    action prolongée   interruption

Je ne **regardais** pas la télévision lorsqu'on **a présenté** le bulletin spécial.
     action prolongée   interruption

Quand nous **sommes sortis**, la neige **commençait** à tomber.
           interruption   événement prolongé

Le téléphone **a sonné** pendant que je **prenais** ma douche.
       interruption   action prolongée

D. L'imparfait et le conditionnel (les phrases avec *si*)

- On utilise le **mode conditionnel** du verbe principal pour exprimer **une possibilité ou une probabilité** dans des phrases qui expriment **une condition**.
- La **condition** est introduite par *«si + l'imparfait»*

Exemples :

Si je **gagnais** le gros lot, je le **partagerais** avec toi.
     condition   probabilité

Si tu **avais** faim, tu **mangerais** avec appétit.
     condition   probabilité

Si les chauffeurs **allaient** moins vite, il y **aurait** moins d'accidents.
        condition   probabilité

Vous **feriez** moins d'erreurs si vous **étiez** moins distraits.
     probabilité   condition

Ils **seraient** mieux éduqués s'ils **allaient** à l'école.
   probabilité   condition

ATTENTION! Le verbe qui suit la préposition «si» n'est **jamais** au conditionnel.

Le mode subjonctif

On utilise le **mode subjonctif** dans plusieurs expressions.

A. La formation du subjonctif

1. Le subjonctif des verbes réguliers

- Les verbes au subjonctif sont **toujours** précédés du pronom «que».
- Pour former le **subjonctif présent des verbes réguliers**, on ajoute les terminaisons au radical du verbe.

Exemples :

Verbes en –er	Verbes réguliers en –ir	Verbes en –re
que j'aime	que je rougisse	que je vende
que tu écoutes	que tu finisses	que tu rendes
qu'il quitte	qu'il choisisse	qu'il prétende
qu'elle parle	qu'elle choisisse	qu'elle perde
qu'on joue	qu'on finisse	qu'on lise
que nous étudiions	que nous nourrissions	que nous suivions
que vous dansiez	que vous bénissiez	que vous riiez
qu'ils se lavent	qu'ils mûrissent	qu'ils crient
qu'elles déménagent	qu'elles pourrissent	qu'elles suivent

2. Le subjonctif de quelques verbes irréguliers

aller → que j'*aill*e, que tu *aill*es, qu'il / elle / on *aill*e,
que nous *all*ions, que vous *all*iez, qu'ils / elles *aill*ent

avoir → que j'*ai*e, que tu *ai*es, qu'il / elle / on *ai*t,
que nous *ay*ons, que vous *ay*ez, qu'ils / elles *ai*ent

être → que je *soi*s, que tu *soi*s, qu'il / elle / on *soi*t,
que nous *soy*ons, que vous *soy*ez, qu'ils / elles *soi*ent

faire → que je *fass*e, que tu *fass*es, qu'il / elle / on *fass*e,
que nous *fass*ions, que vous *fass*iez, qu'ils / elles *fass*ent

savoir → que je *sach*e, que tu *sach*es, qu'il / elle / on *sach*e,
que nous *sach*ions, que vous *sach*iez, qu'ils / elles *sach*ent

venir → que je *vienn*e, que tu *vienn*es, qu'il / elle / on *vienn*e,
que nous *ven*ions, que vous *ven*iez, qu'ils / elles *vienn*ent

B. Quand utiliser le subjonctif

1. Il faut que…

- L'usage le plus fréquent du subjonctif est avec l'expression «*Il faut que* + *verbe au subjonctif*».
- On utilise «*Il faut que* + *verbe au subjonctif*» pour exprimer l'obligation ou la nécessité. Cette obligation ou cette nécessité est spécifique.

Exemples :

Il faut que je fasse mes devoirs ce soir.

Je vous ai appelés parce qu'il **faut que vous veniez** au bureau tout de suite!

Il faut que j'aie de bonnes notes à cet examen.

Il faut que tu ailles chez tes grands-parents ce soir.

Le professeur a dit qu'il **faut que nous sachions** nos verbes.

2. D'autres usages du subjonctif

On utilise le subjonctif avec **certaines expressions** pour exprimer le doute, le souhait, la volonté ou les sentiments. Voici **quelques-unes** de ces expressions.

Exemples :

Le doute :

Je doute qu'il **sache** la bonne réponse.

Ma mère craint qu'il n'y **ait** pas assez de nourriture pour toute la famille.

Le souhait :

On souhaite tous qu'il **fasse** beau demain.

Nos parents veulent qu'on **aille** à l'université.

La volonté :

Elle exige que les élèves **soient** tranquilles.

Maryse interdit qu'on **fasse** du bruit après 22 heures.

Les sentiments :

Je suis triste que tu ne **sois** pas avec moi pour le week-end.

Es-tu surprise que Thomas ne **sache** pas ton numéro de téléphone par cœur?

C'est dommage que tu n'**ailles** pas en vacances cet hiver.

Conjugaisons de verbes

Verbes réguliers en -*er*

aimer

présent
j'aime
tu aimes
il, elle, on aime
nous aimons
vous aimez
ils, elles aiment

impératif
aime
aimons
aimez

imparfait
j'aimais
tu aimais
il, elle, on aimait
nous aimions
vous aimiez
ils, elles aimaient

conditionnel
j'aimerais
tu aimerais
il, elle, on aimerait
nous aimerions
vous aimeriez
ils, elles aimeraient

passé composé
j'ai aimé
tu as aimé
il, elle, on a aimé
nous avons aimé
vous avez aimé
ils, elles ont aimé

subjonctif
que j'aime
que tu aimes
qu'il, elle, on aime
que nous aimions
que vous aimiez
qu'ils, elles aiment

chercher

présent
je cherche
tu cherches
il, elle, on cherche
nous cherchons
vous cherchez
ils, elles cherchent

impératif
cherche
cherchons
cherchez

imparfait
je cherchais
tu cherchais
il, elle, on cherchait
nous cherchions
vous cherchiez
ils, elles cherchaient

conditionnel
je chercherais
tu chercherais
il, elle, on chercherait
nous chercherions
vous chercheriez
ils, elles chercheraient

passé composé
j'ai cherché
tu as cherché
il, elle, on a cherché
nous avons cherché
vous avez cherché
ils, elles ont cherché

subjonctif
que je cherche
que tu cherches
qu'il, elle, on cherche
que nous cherchions
que vous cherchiez
qu'ils, elles cherchent

commencer

présent
je commence
tu commences
il, elle, on commence
nous commençons
vous commencez
ils, elles commencent

impératif
commence
commençons
commencez

imparfait
je commençais
tu commençais
il, elle, on commençait
nous commencions
vous commenciez
ils, elles commençaient

conditionnel
je commencerais
tu commencerais
il, elle, on commencerait
nous commencerions
vous commenceriez
ils, elles commenceraient

passé composé
j'ai commencé
tu as commencé
il, elle, on a commencé
nous avons commencé
vous avez commencé
ils, elles ont commencé

subjonctif
que je commence
que tu commences
qu'il, elle, on commence
que nous commencions
que vous commenciez
qu'ils, elles commencent

manger

présent
je mange
tu manges
il, elle, on mange
nous mangeons
vous mangez
ils, elles mangent

impératif
mange
mangeons
mangez

imparfait
je mangeais
tu mangeais
il, elle, on mangeait
nous mangions
vous mangiez
ils, elles mangeaient

conditionnel
je mangerais
tu mangerais
il, elle, on mangerait
nous mangerions
vous mangeriez
ils, elles mangeraient

passé composé
j'ai mangé
tu as mangé
il, elle, on a mangé
nous avons mangé
vous avez mangé
ils, elles ont mangé

subjonctif
que je mange
que tu manges
qu'il, elle, on mange
que nous mangions
que vous mangiez
qu'ils, elles mangent

Verbes réguliers en -*ir*

choisir

présent
je choisis
tu choisis
il, elle, on choisit
nous choisissons
vous choisissez
ils, elles choisissent

impératif
choisis
choisissons
choisissez

imparfait
je choisissais
tu choisissais
il, elle, on choisissait
nous choisissions
vous choisissiez
ils, elles choisissaient

conditionnel
je choisirais
tu choisirais
il, elle, on choisirait
nous choisirions
vous choisiriez
ils, elles choisiraient

passé composé
j'ai choisi
tu as choisi
il, elle, on a choisi
nous avons choisi
vous avez choisi
ils, elles ont choisi

subjonctif
que je choisisse
que tu choisisses
qu'il, elle, on choisisse
que nous choisissions
que vous choisissiez
qu'ils, elles choisissent

finir

présent
je finis
tu finis
il, elle, on finit
nous finissons
vous finissez
ils, elles finissent

impératif
finis
finissons
finissez

imparfait
je finissais
tu finissais
il, elle, on finissait
nous finissions
vous finissiez
ils, elles finissaient

conditionnel
je finirais
tu finirais
il, elle, on finirait
nous finirions
vous finiriez
ils, elles finiraient

passé composé
j'ai fini
tu as fini
il, elle, on a fini
nous avons fini
vous avez fini
ils, elles ont fini

subjonctif
que je finisse
que tu finisses
qu'il, elle, on finisse
que nous finissions
que vous finissiez
qu'ils, elles finissent

nourrir

présent	impératif	imparfait
je nourris	nourris	je nourrissais
tu nourris	nourrissons	tu nourrissais
il, elle, on nourrit	nourrissez	il, elle, on nourrissait
nous nourrissons		nous nourrissions
vous nourrissez		vous nourrissiez
ils, elles nourrissent		ils, elles nourrissaient

conditionnel	passé composé	subjonctif
je nourrirais	j'ai nourri	que je nourrisse
tu nourrirais	tu as nourri	que tu nourrisses
il, elle, on nourrirait	il, elle, on a nourri	qu'il, elle, on nourrisse
nous nourririons	nous avons nourri	que nous nourrissions
vous nourririez	vous avez nourri	que vous nourrissiez
ils, elles nourriraient	ils, elles ont nourri	qu'ils, elles nourrissent

réfléchir

présent	impératif	imparfait
je réfléchis	réfléchis	je réfléchissais
tu réfléchis	réfléchissons	tu réfléchissais
il, elle, on réfléchit	réfléchissez	il, elle, on réfléchissait
nous réfléchissons		nous réfléchissions
vous réfléchissez		vous réfléchissiez
ils, elles réfléchissent		ils, elles réfléchissaient

conditionnel	passé composé	subjonctif
je réfléchirais	j'ai réfléchi	que je réfléchisse
tu réfléchirais	tu as réfléchi	que tu réfléchisses
il, elle, on réfléchirait	il, elle, on a réfléchi	qu'il, elle, on réfléchisse
nous réfléchirions	nous avons réfléchi	que nous réfléchissions
vous réfléchiriez	vous avez réfléchi	que vous réfléchissiez
ils, elles réfléchiraient	ils, elles ont réfléchi	qu'ils, elles réfléchissent

Verbes réguliers en -*re*

descendre

présent
je descends
tu descends
il, elle, on descend
nous descendons
vous descendez
ils, elles descendent

impératif
descends
descendons
descendez

imparfait
je descendais
tu descendais
il, elle, on descendait
nous descendions
vous descendiez
ils, elles descendaient

conditionnel
je descendrais
tu descendrais
il, elle, on descendrait
nous descendrions
vous descendriez
ils, elles descendraient

passé composé
je **suis** descendu(e)
tu **es** descendu(e)
il, elle, on **est** descendu(e)
nous **sommes**
   descendu(e)s
vous **êtes** descendu(e)(s)
ils, elles **sont** descendu(e)s

subjonctif
que je descende
que tu descendes
qu'il, elle, on descende
que nous descendions
que vous descendiez
qu'ils, elles descendent

entendre

présent
j'entends
tu entends
il, elle, on entend
nous entendons
vous entendez
ils, elles entendent

impératif
entends
entendons
entendez

imparfait
j'entendais
tu entendais
il, elle, on entendait
nous entendions
vous entendiez
ils, elles entendaient

conditionnel
j'entendrais
tu entendrais
il, elle, on entendrait
nous entendrions
vous entendriez
ils, elles entendraient

passé composé
j'**ai** entendu
tu **as** entendu
il, elle, on **a** entendu
nous **avons** entendu
vous **avez** entendu
ils, elles **ont** entendu

subjonctif
que j'entende
que tu entendes
qu'il, elle, on entende
que nous entendions
que vous entendiez
qu'ils, elles entendent

perdre

présent
je perds
tu perds
il, elle, on perd
nous perdons
vous perdez
ils, elles perdent

impératif
perds
perdons
perdez

imparfait
je perdais
tu perdais
il, elle, on perdait
nous perdions
vous perdiez
ils, elles perdaient

conditionnel
je perdrais
tu perdrais
il, elle, on perdrait
nous perdrions
vous perdriez
ils, elles perdraient

passé composé
j'ai perdu
tu as perdu
il, elle, on a perdu
nous avons perdu
vous avez perdu
ils, elles ont perdu

subjonctif
que je perde
que tu perdes
qu'il, elle, on perde
que nous perdions
que vous perdiez
qu'ils, elles perdent

vendre

présent
je vends
tu vends
il, elle, on vend
nous vendons
vous vendez
ils, elles vendent

impératif
vends
vendons
vendez

imparfait
je vendais
tu vendais
il, elle, on vendait
nous vendions
vous vendiez
ils, elles vendaient

conditionnel
je vendrais
tu vendrais
il, elle, on vendrait
nous vendrions
vous vendriez
ils, elles vendraient

passé composé
j'ai vendu
tu as vendu
il, elle, on a vendu
nous avons vendu
vous avez vendu
ils, elles ont vendu

subjonctif
que je vende
que tu vendes
qu'il, elle, on vende
que nous vendions
que vous vendiez
qu'ils, elles vendent

Verbes pronominaux

s'inquiéter

présent
je m'inquiète
tu t'inquiètes
il, elle, on s'inquiète
nous nous inquiétons
vous vous inquiétez
ils, elles s'inquiètent

impératif
inquiète-toi
inquiétons-nous
inquiétez-vous

imparfait
je m'inquiétais
tu t'inquiétais
il, elle, on s'inquiétait
nous nous inquiétions
vous vous inquiétiez
ils, elles s'inquiétaient

conditionnel
je m'inquiéterais
tu t'inquiéterais
il, elle, on s'inquiéterait
nous nous inquiéterions
vous vous inquiéteriez
ils, elles s'inquiéteraient

passé composé
je me **suis** inquiété(e)
tu t'**es** inquiété(e)
il, elle, on s'**est** inquiété(e)
nous nous **sommes**
    inquiété(e)s
vous vous **êtes**
    inquiété(e)(s)
ils, elles se **sont**
    inquiété(e)s

subjonctif
que je m'inquiète
que tu t'inquiètes
qu'il, elle, on s'inquiète
que nous nous inquiétions
que vous vous inquiétiez
qu'ils, elles s'inquiètent

se lever

présent
je me lève
tu te lèves
il, elle, on se lève
nous nous levons
vous vous levez
ils, elles se lèvent

impératif
lève-toi
levons-nous
levez-vous

imparfait
je me levais
tu te levais
il, elle, on se levait
nous nous levions
vous vous leviez
ils, elles se levaient

conditionnel
je me lèverais
tu te lèverais
il, elle, on se lèverait
nous nous lèverions
vous vous lèveriez
ils, elles se lèveraient

passé composé
je me **suis** levé(e)
tu t'**es** levé(e)
il, elle, on s'**est** levé(e)
nous nous **sommes**
    levé(e)s
vous vous êtes levé(e)(s)
ils, elles se **sont** levé(e)s

subjonctif
que je me lève
que tu te lèves
qu'il, elle, on se lève
que nous nous levions
que vous vous leviez
qu'ils, elles se lèvent

se réunir

présent
je me réunis
tu te réunis
il, elle, on se réunit
nous nous réunissons
vous vous réunissez
ils, elles se réunissent

impératif
réunis-toi
réunissons-nous
réunissez-vous

imparfait
je me réunissais
tu te réunissais
il, elle, on se réunissait
nous nous réunissions
vous vous réunissiez
ils, elles se réunissaient

conditionnel
je me réunirais
tu te réunirais
il, elle, on se réunirait
nous nous réunirions
vous vous réuniriez
ils, elles se réuniraient

passé composé
je me **suis** réuni(e)
tu t'**es** réuni(e)
il, elle, on s'**est** réuni(e)
nous nous **sommes**
   réuni(e)s
vous vous êtes réuni(e)(s)
ils, elles se **sont** réuni(e)s

subjonctif
que je me réunisse
que tu te réunisses
qu'il, elle, on se réunisse
que nous nous réunissions
que vous vous réunissiez
qu'ils, elles se réunissent

se réveiller

présent
je me réveille
tu te réveilles
il, elle, on se réveille
nous nous réveillons
vous vous réveillez
ils, elles se réveillent

impératif
réveille-toi
réveillons-nous
réveillez-vous

imparfait
je me réveillais
tu te réveillais
il, elle, on se réveillait
nous nous réveillions
vous vous réveilliez
ils, elles se réveillaient

conditionnel
je me réveillerais
tu te réveillerais
il, elle, on se réveillerait
nous nous réveillerions
vous vous réveilleriez
ils, elles se réveilleraient

passé composé
je me **suis** réveillé(e)
tu t'**es** réveillé(e)
il, elle, on s'**est** réveillé(e)
nous nous **sommes**
   réveillé(e)s
vous vous êtes
   réveillé(e)(s)
ils, elles se **sont**
   réveillé(e)s

subjonctif
que je me réveille
que tu te réveilles
qu'il, elle, on se réveille
que nous nous réveillions
que vous vous réveilliez
qu'ils, elles se réveillent

se souvenir

présent
je me souviens
tu te souviens
il, elle, on se souvient
nous nous souvenons
vous vous souvenez
ils, elles se souviennent

impératif
souviens-toi
souvenons-nous
souvenez-vous

imparfait
je me souvenais
tu te souvenais
il, elle, on se souvenait
nous nous souvenions
vous vous souveniez
ils, elles se souvenaient

conditionnel
je me souviendrais
tu te souviendrais
il, elle, on se souviendrait
nous nous souviendrions
vous vous souviendriez
ils, elles se souviendraient

passé composé
je me **suis** souvenu(e)
tu t'**es** souvenu(e)
il, elle, on s'**est** souvenu(e)
nous nous **sommes** souvenu(e)s
vous vous **êtes** souvenu(e)(s)
ils, elles se **sont** souvenu(e)s

subjonctif
que je me souvienne
que tu te souviennes
qu'il, elle, on se souvienne
que nous nous souvenions
que vous vous souveniez
qu'ils, elles se souviennent

Verbes irréguliers

aller

présent
je vais
tu vas
il, elle, on va
nous **allons**
vous **allez**
ils, elles vont

impératif
va
allons
allez

imparfait
j'allais
tu allais
il, elle, on allait
nous allions
vous alliez
ils, elles allaient

conditionnel
j'irais
tu irais
il, elle, irait
nous irions
vous iriez
ils, elles iraient

passé composé
je **suis** allé(e)
tu **es** allé(e)
il, elle, on **est** allé(e)
nous **sommes** allé(e)s
vous **êtes** allé(e)(s)
ils, elles **sont** allé(e)s

subjonctif
que j'aille
que tu ailles
qu'il, elle, on aille
que nous allions
que vous alliez
qu'ils, elles aillent

avoir

présent
j'ai
tu as
il, elle, on a
nous avons
vous avez
ils, elles ont

impératif
aie
ayons
ayez

imparfait
j'avais
tu avais
il, elle, on avait
nous avions
vous aviez
ils, elles avaient

conditionnel
j'aurais
tu aurais
il, elle, on aurait
nous aurions
vous auriez
ils, elles auraient

passé composé
j'ai eu
tu as eu
il, elle, on a eu
nous avons eu
vous avez eu
ils, elles ont eu

subjonctif
que j'aie
que tu aies
qu'il, elle, on ait
que nous ayons
que vous ayez
qu'ils, elles aient

connaître

présent
je connais
tu connais
il, elle, on connaît
nous connaissons
vous connaissez
ils, elles connaissent

impératif
connais
connaissons
connaissez

imparfait
je connaissais
tu connaissais
il, elle, on connaissait
nous connaissions
vous connaissiez
ils, elles connaissaient

conditionnel
je connaîtrais
tu connaîtrais
il, elle, on connaîtrait
nous connaîtrions
vous connaîtriez
ils, elles connaîtraient

passé composé
j'ai connu
tu as connu
il, elle, on a connu
nous avons connu
vous avez connu
ils, elles ont connu

subjonctif
que je connaisse
que tu connaisses
qu'il, elle, on connaisse
que nous connaissions
que vous connaissiez
qu'ils, elles connaissent

devoir

présent	impératif	imparfait
je dois	dois	je devais
tu dois	devons	tu devais
il, elle, on doit	devez	il, elle, on devait
nous devons		nous devions
vous devez		vous deviez
ils, elles doivent		ils, elles devaient

conditionnel	passé composé	subjonctif
je devrais	j'ai dû	que je doive
tu devrais	tu as dû	que tu doives
il, elle, on devrait	il, elle, on a dû	qu'il, elle, on doive
nous devrions	nous avons dû	que nous devions
vous devriez	vous avez dû	que vous deviez
ils, elles devraient	ils, elles ont dû	qu'ils, elles doivent

dire

présent	impératif	imparfait
je dis	dis	je disais
tu dis	disons	tu disais
il, elle, on dit	dites	il, elle, on disait
nous disons		nous disions
vous dites		vous disiez
ils, elles disent		ils, elles disaient

conditionnel	passé composé	subjonctif
je dirais	j'ai dit	que je dise
tu dirais	tu as dit	que tu dises
il, elle, on dirait	il, elle, on a dit	qu'il, elle, on dise
nous dirions	nous avons dit	que nous disions
vous diriez	vous avez dit	que vous disiez
ils, elles diraient	ils, elles ont dit	qu'ils, elles disent

écrire

présent	impératif	imparfait
j'écris	écris	j'écrivais
tu écris	écrivons	tu écrivais
il, elle, on écrit	écrivez	il, elle, on écrivait
nous écrivons		nous écrivions
vous écrivez		vous écriviez
ils, elles écrivent		ils, elles écrivaient

conditionnel	passé composé	subjonctif
j'écrirais	j'ai écrit	que j'écrive
tu écrirais	tu as écrit	que tu écrives
il, elle, on écrirait	il, elle, on a écrit	qu'il, elle, on écrive
nous écririons	nous avons écrit	que nous écrivions
vous écririez	vous avez écrit	que vous écriviez
ils, elles écriraient	ils, elles ont écrit	qu'ils, elles écrivent

être

présent	impératif	imparfait
je suis	sois	j'étais
tu es	soyons	tu étais
il, elle, on est	soyez	il, elle, on était
nous sommes		nous étions
vous êtes		vous étiez
ils, elles sont		ils, elles étaient

conditionnel	passé composé	subjonctif
je serais	j'ai été	que je sois
tu serais	tu as été	que tu sois
il, elle, on serait	il, elle, on a été	qu'il, elle, on soit
nous serions	nous avons été	que nous soyons
vous seriez	vous avez été	que vous soyez
ils, elles seraient	ils, elles ont été	qu'ils, elles soient

faire

présent
je fais
tu fais
il, elle, on fait
nous faisons
vous faites
ils, elles font

impératif
fais
faisons
faites

imparfait
je faisais
tu faisais
il, elle, on faisait
nous faisions
vous faisiez
ils, elles faisaient

conditionnel
je ferais
tu ferais
il, elle, on ferait
nous ferions
vous feriez
ils, elles feraient

passé composé
j'ai fait
tu as fait
il, elle, on a fait
nous avons fait
vous avez fait
ils, elles ont fait

subjonctif
que je fasse
que tu fasses
qu'il, elle, on fasse
que nous fassions
que vous fassiez
qu'ils, elles fassent

mettre

présent
je mets
tu mets
il, elle, on met
nous mettons
vous mettez
ils, elles mettent

impératif
mets
mettons
mettez

imparfait
je mettais
tu mettais
il, elle, on mettait
nous mettions
vous mettiez
ils, elles mettaient

conditionnel
je mettrais
tu mettrais
il, elle, on mettrait
nous mettrions
vous mettriez
ils, elles mettraient

passé composé
j'ai mis
tu as mis
il, elle, on a mis
nous avons mis
vous avez mis
ils, elles ont mis

subjonctif
que je mette
que tu mettes
qu'il, elle, on mette
que nous mettions
que vous mettiez
qu'ils, elles mettent

partir

présent	impératif	imparfait
je pars	pars	je partais
tu pars	partons	tu partais
il, elle, on part	partez	il, elle, on partait
nous partons		nous partions
vous partez		vous partiez
ils, elles partent		ils, elles partaient

conditionnel	passé composé	subjonctif
je partirais	je **suis** parti(e)	que je parte
tu partirais	tu **es** parti(e)	que tu partes
il, elle, on partirait	il, elle, on **est** parti(e)	qu'il, elle, on parte
nous partirions	nous **sommes** parti(e)s	que nous partions
vous partiriez	vous **êtes** parti(e)(s)	que vous partiez
ils, elles partiraient	ils, elles **sont** parti(e)s	qu'ils, elles partent

prendre

présent	impératif	imparfait
je prends	prends	je prenais
tu prends	prenons	tu prenais
il, elle, on prend	prenez	il, elle, on prenait
nous prenons		nous prenions
vous prenez		vous preniez
ils, elles prennent		ils, elles prenaient

conditionnel	passé composé	subjonctif
je prendrais	j'ai pris	que je prenne
tu prendrais	tu **as** pris	que tu prennes
il, elle, on prendrait	il, elle, on **a** pris	qu'il, elle, on prenne
nous prendrions	nous **avons** pris	que nous prenions
vous prendriez	vous **avez** pris	que vous preniez
ils, elles prendraient	ils, elles **ont** pris	qu'ils, elles prennent

pouvoir

présent
je peux
tu peux
il, elle, on peut
nous pouvons
vous pouvez
ils, elles peuvent

impératif
peux
pouvons
pouvez

imparfait
je pouvais
tu pouvais
il, elle, on pouvait
nous pouvions
vous pouviez
ils, elles pouvaient

conditionnel
je pourrais
tu pourrais
il, elle, on pourrait
nous pourrions
vous pourriez
ils, elles pourraient

passé composé
j'ai pu
tu as pu
il, elle, on a pu
nous avons pu
vous avez pu
ils, elles ont pu

subjonctif
que je puisse
que tu puisses
qu'il, elle, on puisse
que nous puissions
que vous puissiez
qu'ils, elles puissent

savoir

présent
je sais
tu sais
il, elle, on sait
nous savons
vous savez
ils, elles savent

impératif
sache
sachons
sachez

imparfait
je savais
tu savais
il, elle, on savait
nous savions
vous saviez
ils, elles savaient

conditionnel
je saurais
tu saurais
il, elle, on saurait
nous saurions
vous sauriez
ils, elles sauraient

passé composé
j'ai su
tu as su
il, elle, on a su
nous avons su
vous avez su
ils, elles ont su

subjonctif
que je sache
que tu saches
qu'il, elle, on sache
que nous sachions
que vous sachiez
qu'ils, elles sachent

soigner

présent
je soigne
tu soignes
il, elle, on soigne
nous soignons
vous soignez
ils, elles soignent

impératif
soigne
soignons
soignez

imparfait
je soignais
tu soignais
il, elle, on soignait
nous soignions
vous soigniez
ils, elles soignaient

conditionnel
je soignerais
tu soignerais
il, elle, on soignerait
nous soignerions
vous soigneriez
ils, elles soigneraient

passé composé
j'ai soigné
tu as soigné
il, elle, on a soigné
nous avons soigné
vous avez soigné
ils, elles ont soigné

subjonctif
que je soigne
que tu soignes
qu'il, elle, on soigne
que nous soignions
que vous soigniez
qu'ils, elles soignent

sortir

présent
je sors
tu sors
il, elle, on sort
nous sortons
vous sortez
ils, elles sortent

impératif
sors
sortons
sortez

imparfait
je sortais
tu sortais
il, elle, on sortait
nous sortions
vous sortiez
ils, elles sortaient

conditionnel
je sortirais
tu sortirais
il, elle, on sortirait
nous sortirions
vous sortiriez
ils, elles sortiraient

passé composé
je suis sorti(e)
tu es sorti(e)
il, elle, on est sorti(e)
nous sommes sorti(e)s
vous êtes sorti(e)(s)
ils, elles sont sorti(e)s

subjonctif
que je sorte
que tu sortes
qu'il, elle, on sorte
que nous sortions
que vous sortiez
qu'ils, elles sortent

venir

présent	impératif	imparfait
je viens	viens	je venais
tu viens	venons	tu venais
il, elle, on vient	venez	il, elle, on venait
nous venons		nous venions
vous venez		vous veniez
ils, elles viennent		ils, elles venaient

conditionnel	passé composé	subjonctif
je viendrais	je suis venu(e)	que je vienne
tu viendrais	tu es venu(e)	que tu viennes
il, elle, on viendrait	il, elle, on est venu(e)	qu'il, elle, on vienne
nous viendrions	nous sommes venu(e)s	que nous venions
vous viendriez	vous êtes venu(e)(s)	que vous veniez
ils, elles viendraient	ils, elles sont venu(e)s	qu'ils, elles viennent

vivre

présent	impératif	imparfait
je vis	vis	je vivais
tu vis	vivons	tu vivais
il, elle, on vit	vivez	il, elle, on vivait
nous vivons		nous vivions
vous vivez		vous viviez
ils, elles vivent		ils, elles vivaient

conditionnel	passé composé	subjonctif
je vivrais	j'ai vécu	que je vive
tu vivrais	tu as vécu	que tu vives
il, elle, on vivrait	il, elle, on a vécu	qu'il, elle, on vive
nous vivrions	nous avons vécu	que nous vivions
vous vivriez	vous avez vécu	que vous viviez
ils, elles vivraient	ils, elles ont vécu	qu'ils, elles vivent

voir

présent
je vois
tu vois
il, elle, on voit
nous voyons
vous voyez
ils, elles voient

impératif
vois
voyons
voyez

imparfait
je voyais
tu voyais
il, elle, on voyait
nous voyions
vous voyiez
ils, elles voyaient

conditionnel
je verrais
tu verrais
il, elle, on verrait
nous verrions
vous verriez
ils, elles verraient

passé composé
j'ai vu
tu as vu
il, elle, on a vu
nous avons vu
vous avez vu
ils, elles ont vu

subjonctif
que je voie
que tu voies
qu'il, elle, on voie
que nous voyions
que vous voyiez
qu'ils, elles voient

vouloir

présent
je veux
tu veux
il, elle, on veut
nous voulons
vous voulez
ils, elles veulent

impératif
veux (veuille) (très rare)
voulons
voulez (veuillez)

imparfait
je voulais
tu voulais
il, elle, on voulait
nous voulions
vous vouliez
ils, elles voulaient

conditionnel
je voudrais
tu voudrais
il, elle, on voudrait
nous voudrions
vous voudriez
ils, elles voudraient

passé composé
j'ai voulu
tu as voulu
il, elle, on a voulu
nous avons voulu
vous avez voulu
ils, elles ont voulu

subjonctif
que je veuille
que tu veuilles
qu'il, elle, on veuille
que nous voulions
que vous vouliez
qu'ils, elles veuillent

Lexique français–anglais

adj.	adjectif
adv.	adverbe
conj.	conjonction
excl.	exclamation
exp.	expression
loc.	locution
n.m.	nom masculin
n.f.	nom féminin
pl.	pluriel
prép.	préposition
pron.	pronom
pron. pers.	pronom personnel
v.	verbe

A

à cheval *loc.* on horseback
à l'aise *loc.* at ease
acclamer *v.* to cheer
accorder *v.* to grant
s'accrocher *v.* to hang on
accueillir *v.* to welcome
acheter *v.* to buy
actuel(le) *adj.* current
affamé(e) *adj.* famished
une **affiche** *n.f.* poster; **afficher** *v.* to display
affreux, affreuse *adj.* hideous
afin de *prép.* in order to
s'agenouiller *v.* to kneel
s'agrandir *v.* to widen
aider *v.* to help
un **aigle** *n.m.* eagle
une **aile** *n.f.* wing
ailleurs *adv.* elsewhere; **d'ailleurs** *adv.* besides
l'**aîné(e)** *n.m.,f.* eldest
ainsi *adv.* like so
ajouter *v.* to add

un **aller simple** *n.m.* one way ticket
allumé(e) *adj.* lit
l'**âme** *n.f.* soul
amener *v.* to bring
ancien(ne) *adj.* ancient
anéantir *v.* to destroy
un **ange** *n.m.* angel
l'**angoisse** *n.f.* anguish
une **année** *n.f.* year
apercevoir *v.* to notice; s'**apercevoir** *v.* to realize
apparaître *v.* to appear
un **appareil** *n.m.* machine
appartenir *v.* to belong
appuyé(e) *adj.* leaning
appuyer *v.* to press
d'**après** *adv.* according to
un **arc** *n.m.* bow
l'**arrière** *n.m.* back
l'**arrivée** *n.f.* arrival; **arriver** *v.* to happen
assez *adv.* enough
assurer *v.* to ensure
à ton avis *exp.* in your opinion
attendre *v.* to wait
atterrir *v.* to land
attirer *v.* to attract
attraper *v.* to catch
aucun *adj.* no, *pron.* any, none
l'**audace** *n.f.* audacity
au-dessus *adv.* above
aussitôt *adv.* immediately (after), as soon as
autant *adv.* as much
l'**auto-patrouille** *n.f.* car patrol
autoritaire *adj.* authoritative
autour *adv.* (all) around
autrefois *adv.* in the past
l'**avenir** *n.m.* future
avoir envie de *v.* to want to
avoir raison *v.* to be right

B

une **bague** *n.f.* ring
bâiller *v.* to yawn
le **bain** *n.m.* bath
un **baiser** *n.m.* kiss
baisser *v.* to lower
une **banquette** *n.f.* (car) seat
une **barbe** *n.f.* beard
une **barrière** *n.f.* fence
un **bâtiment** *n.m.* building
un **bâton** *n.m.* stick
la **batterie** *n.f.* drums
un **bedon** *n.m.* potbelly
un **bélier** *n.m.* ram
bénéfique *adj.* beneficial
un(e) **bénévole** *n.m.,f.* volunteer
le/la **benjamin(e)** *n.m.,f.* youngest child
une **bernache** *n.f.* Canada goose
un **besoin** *n.m.* need
bête *adj.* stupid, une **bête** *n.f.* beast
un **biberon** *n.m.* baby's bottle
bientôt *adv.* soon
la **bière** *n.f.* beer
un **billet** *n.m.* ticket
blaguer *v.* to joke
blessé(e) *adj.* hurt
boire *v.* to drink
le **bois** *n.m.* wood
une **boîte vocale** *n.f.* voice box
le **bonheur** *n.m.* happiness
la **bonne volonté** *n.f.* goodwill
le **bord** *n.m.* edge
un(e) **bouffon(ne)** *n.m.,f.* fool
bouger *v.* to move
bouleverser *v.* to overwhelm, to disrupt
un **boulon** *n.m.* bolt, pin
le **bout** *n.m.* end; **au bout** *loc.* at the back
brisé(e) *adj.* broken
broder *v.* to embroider
bronzé(e) *adj.* tanned
un **bruit** *n.m.* noise
brûler *v.* to burn
un **bureau** *n.m.* office

C

(se) **cacher** *v.* to hide

un **cadeau** *n.m.* present
le/la **cadet(te)** *n.m.,f.* younger child
le **cafard** *n.m.* melancholy
un **caillou** *n.m.* stone, pebble
un **calendrier** *n.m.* calendar
un **canard** *n.m.* duck
un **caporal** *n.m.* corporal
car *conj.* because
le **carton** *n.m.* cardboard
une **casquette** *n.f.* cap
cassé(e) *adj.* broken; un **casse-tête** *n.m.* brain
    teaser, puzzle
un **castor** *n.m.* beaver
une **ceinture de sécurité** *n.f.* seat belt
célèbre *adj.* famous
des **cendres** *n.f.pl.* ashes
cependant *conj.* nevertheless
un **certificat d'immatriculation** *n.m.*
    registration certificate
le **cerveau** *n.m.* brain
cesser *v.* to cease
chacun(e) *pron.* each one
un **chagrin d'amour** *n.m.* heartache
la **chaleur** *n.f.* heat, warmth
un **champ** *n.m.* field
changer d'avis *exp.* to change one's mind
chantonner *v.* to hum, to sing softly
chasser *v.* to drive away, to hunt
chauve *adj.* bald; une **chauve-souris** *n.f.* bat
cher, chère *adj.* dear, expensive
chercher *v.* to look for
un **cheval** *n.m.* horse
une **chicane** *n.f.* squabble, row
un **chiffre** *n.m.* number
chinois(e) *adj.* Chinese
chuchoter *v.* to whisper
un(e) **citoyen(ne)** *n.m.,f.* citizen
le **clavier** *n.m.* keyboard
la **clé de contact** *n.f.* ignition key
clignoter *v.* to flash
une **cloche** *n.f.* bell
un **cobaye** *n.m.* guinea pig
un **cochon** *n.m.* pig
le **cœur** *n.m.* heart
se **cogner** *v.* to bump oneself
coller *v.* to glue

une **combinaison** *n.f.* suit
comploter *v.* to scheme
le **comportement** *n.m.* behaviour
comptant *adv.* in cash
compte tenu *loc.* considering
conduire *v.* to drive
confier *v.* to entrust
un(e) **conjoint(e)** *n.m.,f.* partner
la **connaissance** *n.f.* consciousness; **connaître**
    v. to know; **connu(e)** *adj.* known
un(e) **conquérant(e)** *n.m.,f.* conqueror
consacré(e) *adj.* dedicated, given over to
un **conseiller** *n.m.*, une **conseillère** *n.f.*
    advisor
constater *v.* to notice
construire *v.* to build
un **conte de fée** *n.m.* fairy tale
contre *prép.* against
convenir *v.* to suit
une **corde** *n.f.* rope
une **corne** *n.f.* horn
une **corneille** *n.f.* crow
le **corps** *n.m.* body; un **corps céleste** *n.m.*
    celestial body
à **côté** *prép.* beside
une **couche** *n.f.* diaper, layer
le **coucher du soleil** *n.m.* sunset
le **coude** *n.m.* elbow
couler *v.* to drip, to flow
une **couleuvre** *n.f.* grass snake
un **coup** *n.m.* knock, blow; un **coup d'œil** *exp.*
    glance
une **coupole** *n.f.* dome
une **coupure** *n.f.* cut
une **courbe** *n.f.* turn
une **couronne** *n.f.* crown
un **courriel** *n.m.* e-mail
un **court-circuit** *n.m.* short circuit
coûter *v.* to cost
une **couverture** *n.f.* blanket
craindre *v.* to fear
les **craquements** *n.m.pl.* cracks
créer *v.* to create
creuser *v.* to dig, to make a hole; se **creuser**
    les méninges *exp.* to rack one's brains
crier *v.* to shout

croire *v.* to believe
les **croisades** *n.f.pl.* Crusades
cuisiner *v.* to cook
une **cuisse** *n.f.* thigh
un **cygne** *n.m.* swan

D

se **débarrasser** *v.* to get rid of
se **débattre** *v.* to struggle
debout *adj.* standing
le **début** *n.m.* beginning; **débuter** *v.* to begin
déchirer *v.* to rip, to tear off; une **déchirure**
    n.f. rip, tear
déclencher *v.* to set off, to trigger
décoller *v.* to take off
déconseiller *v.* to advise against
découvrir *v.* to discover
décrire des cercles *v.* to fly in circles
déçu(e) *adj.* disappointed
dégueulasse *adj.* disgusting
dehors *adv.* outside
un **délit de fuite** *n.m.* flight from a crime
un **déluge** *n.m.* downpour, flood
démarrer *v.* to start
démêler *v.* to untangle
de nouveau *loc.* again
un **dépanneur** *n.m.* convenience store
se **dépêcher** *v.* to hurry
un **dépliant** *n.m.* pamphlet
déposer *v.* to set down
depuis *prép.* since
déranger *v.* to disturb
désespérer *v.* to lose hope
dès que *loc.* as soon as
dessous *adv.* under
se **détraquer** *v.* to go wrong
devant *prép.* in front of
devenir *v.* to become
dévier *v.* to deviate
devoir *v.* to have to
le **diable** *n.m.* devil
un **dieu** *n.m.* god
se **diriger** *v.* to head, to make one's way
disparaître *v.* to disappear
distraire *v.* to distract
diviser *v.* to divide

un **doigt** *n.m.* finger
donc *conj.* therefore
donner naissance *v.* to give birth
doré(e) *adj.* gilded, golden
le **dos** *n.m.* back
la **douceur** *n.f.* gentleness
la **douleur** *n.f.* pain
se **douter** *v.* to suspect
doux, douce *adj.* soft
un **drap** *n.m.* sheet
un **droit** *n.m.* right
dur(e) *adj.* difficult, hard
durcir *v.* to harden
la **durée** *n.f.* duration
du tout *loc.* at all

E
éblouir *v.* to dazzle
ébranlé(e) *adj.* shaken
l'**écart** *n.m.* gap
écarter *v.* to part, to separate
échanger *v.* to exchange
s'**échapper** *v.* to flee, to escape
éclairé(e) *adj.* lit up
éclater *v.* to burst
l'**écran** *n.m.* screen
écraser *v.* to smash, to crush
un **écrivain** *n.m.* writer
un **écureuil** *n.m.* squirrel
effrayer *v.* to frighten
élargir *v.* to widen
s'**élever** *v.* to rise, to go up
s'**éloigner** *v.* to move away
embrasser *v.* to kiss
émerveillé(e) *adj.* filled with wonder
emmener *v.* to bring
empêcher *v.* to keep from
empoisonner *v.* to poison
emporter *v.* to take away
ému(e) *adj.* moved, overcome with emotion
enceinte *adj.* pregnant
en dessous *adv.* below
s'**endormir** *v.* to fall asleep
un **endroit** *n.m.* place
en effet *adv.* in fact
un **enfant unique** *n.m.* only child

l'**enfer** *n.m.* hell
enfermer *v.* to lock up
enfin *adv.* finally
enflé(e) *adj.* swollen
enfoncer *v.* to push in
en haut *exp.* above
enlever *v.* to take off, to take away
un **ennui** *n.m.* problem
ennuyé(e) *adj.* annoyed
en règle *loc.* in order
entier, entière *adj.* entire
entourer *v.* to surround
en train de *exp.* in the process of
l'**entraînement** *n.m.* training
entraîner *v.* to drag
entre *prép.* between
entreprendre *v.* to undertake
envahir *v.* to invade
envers *prép.* toward; à l'**envers** *adv.* upside down
environ *adv.* about
les **environs** *n.m.pl.* surrounding area
s'**envoler** *v.* to fly away
envoyer *v.* to send
épaissir *v.* to thicken
épargner *v.* to spare, to save
une **épice** *n.f.* spice
une **épidémie** *n.f.* epidemic
les **épinards** *n.m.pl.* spinach
une **époque** *n.f.* era
une **épouse** *n.f.* wife, un **époux** *n.m.* husband
épouser *v.* to marry
épuisé(e) *adj.* exhausted
un **érable** *n.m.* maple tree
s'**espacer** *v.* to become less frequent
espagnol(e) *adj.* Spanish
une **espèce** *n.f.* sort, kind, species
un(e) **espion(ne)** *n.m.,f.* spy
l'**espoir** *n.m.* hope
l'**esprit** *n.m.* mind
essayer *v.* to try
l'**essence** *n.f.* gas
essuyer *v.* to wipe
établir *v.* to establish
un **état** *n.m.* state; **en état d'ivresse** *loc.* in a drunken state

étonnant(e) *adj.* astounding, surprising
étouffer *v.* to strangle, to choke
étrange *adj.* strange
un **être** *n.m.* being
être à court *loc.* to be short on/of
étroit(e) *adj.* narrow
évaluer *v.* to evaluate
un **événement** *n.m.* event
éviter *v.* to avoid
exigeant(e) *adj.* demanding
exploser *v.* to explode
exprimer *v.* to express
un **extrait** *n.m.* extract

F

fabriquer *v.* to make
une **façon** *n.f.* way
faible *adj.* weak
faire connaissance *v.* to get to know
faire le tour *exp.* to go around
faire partie de *exp.* to be a part of
faire pitié *v.* to inspire pity
se **faire remarquer** *v.* to get noticed
faire un lien *v.* to make a connection
falloir *v.* to have to
un **fauteuil** *n.m.* armchair
faux, fausse *adj.* false
féconder *v.* to fertilize
une **fée** *n.f.* fairy
une **fente** *n.f.* crack
un **festin** *n.m.* feast
la **fête** *n.f.* birthday
une **feuille** *n.f.* leaf
fiche-nous la paix *exp.* shut up
fier, fière *adj.* proud
un **fil** *n.m.* string
une **file** *n.f.* line
une **fille** *n.f.* daughter
un **fils** *n.m.* son
un **flacon** *n.m.* flask
une **flèche** *n.f.* arrow
un **fleuve** *n.m.* river
flotter *v.* to float
une **fois** *n.f.* time
former *v.* to train
fort *adj.* loud, strong, hard

un **fossé** *n.m.* ditch
fou, folle *adj.* crazy
une **foule** *n.f.* crowd
fournir *v.* to supply
franchement *adv.* frankly
frapper *v.* to hit
freiner *v.* to break
un **frère** *n.m.* brother
le **front** *n.m.* forehead
frotter *v.* to rub
fuir *v.* to flee
une **fuite** *n.f.* flight
la **fumée** *n.f.* smoke

G

gagner *v.* to win
un(e) **gamin(e)** *n.m.,f.* kid
un **garçon manqué** *n.m.* tomboy
garder *v.* to keep
la **gare** *n.f.* station
garé(e) *adj.* parked
le **gazon** *n.m.* lawn
le **gel coiffant** *n.m.* hairstyling gel
génial(e) *adj.* great
un **génie** *n.m.* genius
les **gens** *n.m.pl.* people
un(e) **gérant(e)** *n.m.,f.* manager
glacé(e) *adj.* icy
glisser *v.* to slip
la **gloire** *n.f.* glory
un **goéland** *n.m.* seagull
gonfler *v.* to fill with air, to swell
une **goutte** *n.f.* drop
grandir *v.* to grow up
gras(se) *adj.* greasy, plump
gratuitement *adv.* for free
grave *adj.* serious
un **grenier** *n.m.* attic
une **grenouille** *n.f.* frog
grimper *v.* to climb
le **gros lot** *n.m.* jackpot
guérir *v.* to recover
la **guerre** *n.f.* war
un **guichet** *n.m.* counter, wicket

H

d'**habitude** *loc.* usually; **habituellement** *adv.*
  usually
une **halte routière** *n.f.* service centre
au **hasard** *loc.* at random
un **haut-parleur** *n.m.* loudspeaker
hermétique *adj.* tightly closed or sealed
une **histoire** *n.f.* story
l'**homme des cavernes** *n.m.* cave man
honnête *adj.* honest
la **honte** *n.f.* shame
honteux, honteuse *adj.* ashamed
l'**hôtel de ville** *n.m.* city hall
l'**huile** *n.f.* oil
hurler *v.* to scream

I

immobile *adj.* motionless
un **incendie** *n.m.* fire
un(e) **inconnu(e)** *n.m.,f.* stranger
un **individu** *n.m.* person
l'**informatique** *n.f.* computer science
des **injures** *n.f.pl.* insulting words or remarks
inonder *v.* to flood
inoubliable *adj.* unforgettable
inquiet, inquiète *adj.* worried, anxious
inquiétant *adj.* alarming
l'**inquiétude** *n.f.* anxiety
interdire *v.* to forbid
interdit(e) *adj.* forbidden
intervenir *v.* to intervene
inverser *v.* to reverse
isolé(e) *adj.* isolated

J

jeter *v.* to throw
la **joue** *n.f.* cheek
jouer *v.* to play
une **journée** *n.f.* day
jurer *v.* to swear
au **juste** *adv.* exactly

L

lâcher *v.* to let go
la **laine** *n.f.* wool
laisser *v.* to leave, to let

le **lait** *n.m.* milk
lancer *v.* to throw
un **lapin** *n.m.* rabbit
des **larmes** *n.f.pl.* tears
la **lavande** *n.f.* lavender
la **lave** *n.f.* lava
laver *v.* to wash
un **lave-vaisselle** *n.m.* dishwasher
le **lendemain** *n.m.* the next day
lever *v.* to get up, to raise
la **liberté** *n.f.* freedom
lié(e) *adj.* connected
des **liens de parenté** *n.m.pl.* family ties
se **lier d'amitié** *exp.* to become friendly
au **lieu de** *loc.* instead of
une **ligne droite** *n.f.* straight line
livrer *v.* to deliver
loin *adv.* far; au **loin** *loc.* in the distance; de
  loin *loc.* from afar
lorsque *conj.* when
louche *adj.* suspicious
lourdement *adv.* heavily
la **lumière** *n.f.* light
la **lune** *n.f.* moon
des **lunettes** *n.f.pl.* glasses

M

ma biche *exp.* my dear, my darling
un **magasin** *n.m.* store
maigre *adj.* skinny
un **maillot de bain** *n.m.* bathing suit
un **maître** *n.m.*, une **maîtresse** *n.f.* master,
  mistress
maîtriser *v.* to master
malade *adj.* sick
une **maladie** *n.f.* illness
un **mal de tête** *n.m.* headache
malgré *prép.* despite
une **manche** *n.f.* sleeve
le **maquillage** *n.m.* make-up
le **marché** *n.m.* market
un **marin** *n.m.* sailor
un **matelot** *n.m.* sailor
mauvais(e) *adj.* bad
méchant(e) *adj.* mean
un **médecin** *n.m.* doctor

un **médicament** *n.m.* medicine
méfiant(e) *adj.* wary
se **méfier** *v.* to be wary
meilleur(e) *adj.* better
mêlé(e) *adj.* mixed (up)
une **menace** *n.f.* threat
le **ménage** *n.m.* housework
ménager, ménagère *adj.* domestic
un **mensonge** *n.m.* lie
mentir *v.* to lie
la **mer** *n.f.* sea
mériter *v.* to deserve
un **mets** *n.m.* dish
mettre le cap sur *exp.* to head for
un **microbe** *n.m.* germ
une **micro-onde** *n.f.* microwave
mieux *adv.* better
mignon(ne) *adj.* cute
mince *adj.* thin
une **minuterie** *n.f.* timer
mis à part *adv.* apart from
miséreux, miséreuse *adj.* poverty-stricken
au moins *loc.* at least
un **mois** *n.m.* month
une **moitié** *n.f.* half
montrer *v.* to show
se **moquer** *v.* to make fun
un **morceau** *n.m.* piece
mordre *v.* to bite
la **mort** *n.f.* death
un **moteur de fusée** *n.m.* rocket engine
les **mots croisés** *n.m.pl.* crossword puzzle
mou, molle *adj.* limp
une **mouffette** *n.f.* skunk
se **mouiller** *v.* to get wet
mourir *v.* to die
la **mousse** *n.f.* moss
un **moustique** *n.m.* mosquito
un **moyen** *n.m.* means, way
la **moyenne** *n.f.* average
muet(te) *adj.* mute
un **mur** *n.m.* wall
un(e) **musulman(e)** *n.m.,f.* Muslim
myope *adj.* short-sighted, myopic

N

neutre *adj.* neutral
ni *conj.* neither
nocif, nocive *adj.* noxious
un **nœud** *n.m.* knot
notamment *adv.* notably
une **note** *n.f.* grade, mark
nu(e) *adj.* bare
nuisible *adj.* harmful
nulle part *adv.* nowhere

O

obéir *v.* to obey
s'**occuper** *v.* to take care, to pay attention
offrir *v.* to give
un **oiseau** *n.m.* bird
l'**ombre** *n.f.* shade
une **onde** *n.f.* wave
un **ordinateur** *n.m.* computer
ordonner *v.* to order
un **oreiller** *n.m.* pillow
l'**orgueil** *n.m.* pride
ou *conj.* or
où *pron., adv.* where
oublier *v.* to forget

P

la **paix** *n.f.* peace
une **pancarte** *n.f.* sign
un **panneau** *n.m.* sign
paraître *v.* to seem
par contre *loc.* on the other hand
parcourir *v.* to travel through
parfois *adv.* sometimes
parmi *prép.* among(st)
par rapport à *loc.* with regard to
partout *adv.* everywhere
un **pas** *n.m.* step
une **patte** *n.f.* paw
un **pays** *n.m.* country
le **paysage** *n.m.* landscape
se **pencher** *v.* to lean over
pendant que *conj.* while
une **pente** *n.f.* slope
perdre *v.* to lose; **perdre pied** *exp.* to lose one's footing

un **permis** *n.m.* permit
une **perruque** *n.f.* wig
peser *v.* to weigh
la **peste** *n.f.* plague
un **petit chou** *n.m.* darling
le **pétrin** *n.m.* mess
la **peur** *n.f.* fear
des **phares** *n.m.pl.* headlights
pianoter *v.* to drum (one's fingers)
une **pièce** *n.f.* room
un **piège** *n.m.* trap; **ça sent le piège à plein
    nez** *exp.* smells like trouble
une **pierre** *n.f.* stone
une **piqûre** *n.f.* injection
la **pitié** *n.f.* pity
un **pivert** *n.m.* woodpecker
le **plafond** *n.m.* ceiling
la **plage** *n.f.* beach
se **plaindre** *v.* to complain
une **planche** *n.f.* chopping board
le **plancher** *n.m.* floor
en pleine santé *exp.* in good health
pleurer *v.* to cry
pleurnichard(e) *n.m.,f.* crybaby
plissé(e) *adj.* wrinkled
plonger *v.* to dive
la **pluie** *n.f.* rain
la **plupart** *n.f.* most
plusieurs *adj.* several
plutôt *adv.* rather
une **poche** *n.f.* pocket
un **poil** *n.m.* hair
un **poing** *n.m.* fist
la **poitrine** *n.f.* chest
un(e) **pompiste** *n.m.,f.* gas station attendant
un **pont** *n.m.* bridge
un **porc-épic** *n.m.* porcupine
un **portefeuille** *n.m.* wallet
posséder *v.* to own
un **poste de police** *n.m.* police station
poudré(e) *adj.* powdered
une **poule** *n.f.* chicken
un **poupon** *n.m.* little baby
pourri(e) *adj.* rotten
la **poursuite** *n.f.* pursuit
pourtant *adv.* yet

pousser *v.* to grow, to push
la **poussière** *n.f.* dust
précédent(e) *adj.* previous
se **précipiter** *v.* to hurry
prendre soin *v.* to take care
près *adv.* near
presque *adv.* almost
un **pressentiment** *n.m.* premonition
un **processus** *n.m.* process
prochain(e) *adj.* next
proche *adj.* close, near
produire *v.* to produce, se **produire** *v.* to
    happen
un **produit nettoyant** *n.m.* cleaning product
les **produits chimiques** *n.m.pl.* chemicals
projeter *v.* to project
promouvoir *v.* to promote
protéger *v.* to protect
puissant(e) *adj.* powerful
une **pulsion** *n.f.* urge

Q

quand même *exp.* all the same
quant à *adv.* as for, as to
un **quartier** *n.m.* neighbourhood
quelqu'un *pron.* someone

R

une **racine** *n.f.* root
raconter *v.* to tell
la **rage** *n.f.* rabies
se **raisonner** *v.* to reason with oneself
rajeunir *v.* to rejuvenate; le **rajeunissement**
    n.m. process of getting younger
rajuster *v.* to readjust
ralentir *v.* to slow down
une **randonnée pédestre** *n.f.* hike
rapetisser *v.* to shrink
se **rappeler** *v.* to remember
se **raser** *v.* to shave
un **raton laveur** *n.m.* raccoon
un **rayon** *n.m.* ray
un **raz-de-marée** *n.m.* tidal wave
réaliser *v.* to fulfil, to carry out
recevoir *v.* to receive
récompenser *v.* to reward

reconnaître *v.* to recognize
redoubler *v.* to fail (a class)
réfléchir *v.* to think
régler *v.* to solve
se **réhabituer** *v.* to reaccustom oneself
relâcher *v.* to release
relier *v.* to connect
remarquer *v.* to notice
remonter *v.* to go back up
un **remords** *n.m.* remorse
rempli(e) *adj.* full
remplir *v.* to fill
un **renard** *n.m.* fox
une **rencontre** *n.f.* encounter, meeting
se **rendre** *v.* to get oneself to
se **rendre compte** *v.* to realize
rendre fou/folle *exp.* to drive crazy
rendre malade *v.* to make ill
rentrer *v.* to go back
renverser *v.* to spill, to bowl over
se **répandre** *v.* to spread out
repartir *v.* to set off again
un **repère** *n.m.* marker
le **repos** *n.m.* rest
repousser *v.* to push away
respirer *v.* to breathe
ressembler *v.* to look like, to be like
ressentir *v.* to feel
rester *v.* to stay, to remain
retenir *v.* to hold back
retroussé(e) *adj.* turned up
le **rétroviseur** *n.m.* rearview mirror
réussir *v.* to succeed
un **rêve** *n.m.* dream
se **réveiller** *v.* to wake up
revenir *v.* to come back
une **ride** *n.f.* wrinkle
une **robe à rayures** *n.f.* striped dress
un **rocher** *n.m.* rock
un **ronflement** *n.m.* snore
la **rougeur** *n.f.* redness
roulé(e) *adj.* rolled up

S
sacré(e) *adj.* sacred
un **salaud** *n.m.* jerk

une **salle** *n.f.* room
Sapristi! *excl.* Oh my gosh!
sauter *v.* to jump, to blow up
sauver *v.* to save, se **sauver** *v.* to flee
le **savon** *n.m.* soap
secouer *v.* to shake
le **secours** *n.m.* help
un **seigneur** *n.m.* lord
les **seins** *n.m.pl.* breasts
un **séjour** *n.m.* stay
selon *prép.* according to
sembler *v.* to seem
le **sens** *n.m.* meaning
sensible *adj.* sensitive
sentir *v.* to smell, to feel
un **serpent** *n.m.* snake
serrer *v.* to grip, to hold
se **servir** *v.* to use
sévère *adj.* stern
un **siège** *n.m.* seat
un **singe** *n.m.* monkey
une **sœur** *n.f.* sister
soigner *v.* to treat
le **sol** *n.m.* ground
le **sommeil** *n.m.* sleep
sonner *v.* to ring
s'en **sortir** *v.* to get by
un **souci** *n.m.* worry
soudain *adv.* suddenly
le **souffle** *n.m.* breath
un **soulagement** *n.m.* relief
soulager *v.* to relieve
soulever *v.* to lift up, to raise
soupçonner *v.* to suspect
un **soupir** *n.m.* sigh
soupirer *v.* to sigh
un **sourcil** *n.m.* eyebrow
sourire *v.* to smile
une **souris** *n.f.* mouse
se **souvenir** *v.* to remember
souvent *adv.* often
le **stationnement** *n.m.* parking
stationner *v.* to park
stupéfié(e) *adj.* dumbfounded
subir *v.* to be subjected to, to undergo
subitement *adv.* suddenly

la **sueur** *n.f.* sweat
suffire *v.* to be enough
suggérer *v.* to suggest
suivre *v.* to follow
supplémentaire *adj.* extra
supporter *v.* to handle, to bear
un **surnom** *n.m.* nickname
sursauter *v.* to jump back in surprise
surtout *adv.* especially, above all
surveiller *v.* to keep an eye on

T

un **tableau de bord** *n.m.* dashboard
une **tâche** *n.f.* task
la **taille** *n.f.* waist
tandis que *conj.* while
tant *adv.* so much
tant mieux *loc.* so much the better
tard *adv.* late
un **taureau** *n.m.* bull
teindre *v.* to dye
teinté(e) *adj.* tinted
tel(le) *adj.* such
tellement *adv.* so much
tendre *v.* to hold out, to stretch out
tendu(e) *adj.* tense
la **Terre** *n.f.* Earth
un **tiers** *n.m.* third
tisser *v.* to weave
une **toile** *n.f.* cloth
le **toit** *n.m.* rooftop
tomber *v.* to fall
un **tonneau** *n.m.* barrel
le **torse nu** *n.m.* bare chested
une **tortue** *n.f.* turtle
une **tour** *n.f.* tower
du **tout** *loc.* at all
tout à coup *loc.* all of a sudden
traiter *v.* to treat
une **trajectoire** *n.f.* course, trajectory
le **trajet** *n.m.* journey, drive
le(s) **transport(s) en commun** *n.m.*, *n.m.pl.*
    public transportation
travailler *v.* to work
à travers *prép.* through
traverser *v.* to cross

un **tremblement de terre** *n.m.* earthquake
trempé(e) *adj.* drenched
le **tribunal** *n.m.* court
triste *adj.* sad
se **tromper** *v.* to be wrong, to make a mistake
un **trône** *n.m.* throne
un **trou** *n.m.* hole
truqué(e) *adj.* altered, rigged
à tue-tête *adv.* at the top of one's voice

U

utiliser *v.* to use

V

une **vache** *n.f.* cow
un **vaisseau** *n.m.* vessel
la **valeur** *n.f.* value
une **vedette** *n.f.* celebrity, star
les **vendanges** *n.f.pl.* harvest
un **vendeur** *n.m.*, une **vendeuse** *n.f.*
    salesperson
vendre *v.* to sell
se **venger** *v.* to take revenge
le **vent** *n.m.* wind
un **vent de panique** *exp.* wave of panic
le **ventre** *n.m.* stomach
la **verdure** *n.f.* greenery
la **vérité** *n.f.* truth
vers *prép.* toward
les **vêtements** *n.m.pl.* clothing
vide *adj.* empty
vieillir *v.* to age
une **ville** *n.f.* town
le **vin** *n.m.* wine
un **viseur** *n.m.* sight (for aiming)
une **vitre** *n.f.* (car) window
un **vœu** *n.m.* des **vœux** *n.m.pl.* wish, wishes
une **voile** *n.f.* sail; un **voilier** *n.m.* sailboat
voisin(e) *adj.* neighbouring, un(e) **voisin(e)**
    n.m., *n.f.* neighbour
une **voiture** *n.f.* car
la **voix** *n.f.* voice
la **volonté** *n.f.* will
un **voyage de noces** *n.m.* honeymoon
à vue d'œil *exp.* visibly

Index de grammaire et des structures langagières

Références bibliographiques

ILLUSTRATIONS   pp. 5, 8, 17, 25, 30, 45, 52, 57 : Margot Thompson; pp. 7, 11, 19, 20, 22, 25, 31, 32, 43, 45, 50, 58 : Tina Holdcroft; p. 60 (haut) : Laura DeSantis/Artville; pp. 60–61 : Russ Willms; pp. 89, 91–92 : Margot Thompson; pp. 96, 98–99, 101–102 : Rosemary Woods

PHOTOS   pp. 63–64 skjoldphotographs.com; p. 65 Anthony Johnson/Image Bank; p. 66 Bettmann/Corbis/Magma; p. 67 Mitch Hrdlicka/PhotoDisc; p. 69 Galen Rowell/Corbis/Magma; p. 70 W. Perry Conway/Corbis/Magma; p. 72 PhotoDisc; p. 73 Art Wolfe/Image Bank; p. 74 Neil McIntre/FPG; p. 76 (arrière-plan) Eyewire, (gauche) Gianni Dagli Orti/Corbis/Magma, (haut à droite) Guy Ryecart/ Dorling Kindersley, (bas à droite) Gianni Dagli Orti/Corbis/Magma; p. 78 Tina Chambers/Dorling Kindersley; p. 79 Archivo Iconografico/S.A./Corbis/ Magma; p. 80 Paul Almasy/Corbis/Magma; p. 81 (haut) Archivo Iconografico/S.A./Corbis/Magma, (bas à droite) Gianni Dagli Orti/Corbis/Magma, (bas à gauche) SuperStock; p. 83 Reuters NewMedia Inc./Corbis/Magma; p. 85 J. Foster/Photo Researchers; p. 86 AFP/Corbis/Magma; p. 94 (haut) Bill Deering/FPG, (bas) Robert Young Pelton/Corbis/Magma; p. 95 (haut) Becky Luigart-Stayner/Corbis/Magma, (bas) PhotoDisc

REMERCIEMENTS   Pearson Education Canada tient à remercier les nombreux enseignants et enseignantes qui ont participé à notre projet de révisions éditoriales. Les éditeurs ont tenté de retracer les propriétaires des droits d'auteurs de tout le matériel dont ils se sont servis. Ils acceptent avec plaisir toute information qui leur permettra de corriger les erreurs de références ou d'attribution.